投资学教学实验教程

上海财经大学金融学院编写组

上海财经大学出版社

图书在版编目(CIP)数据

投资学教学实验教程/上海财经大学金融学院编写组.
—上海：上海财经大学出版社，2017.10
ISBN 978-7-5642-2851-4/F·2851

Ⅰ.①投… Ⅱ.①上… Ⅲ.①投资经济学—教学实验—高等学校—教材 Ⅳ.F830.59

中国版本图书馆CIP数据核字(2017)第264815号

封面设计　张启帆
责任编辑　刘晓燕
电话　021-65903667
邮箱　exyliu@163.com

TOUZIXUE JIAOXUE SHIYAN JIAOCHENG
投 资 学 教 学 实 验 教 程
上海财经大学金融学院编写组

上海财经大学出版社出版发行
(上海市中山北一路369号　邮编200083)
网　　址:http://www.sufep.com
电子邮箱:webmaster@sufep.com
全国新华书店经销
上海叶大印务发展有限公司印刷装订
2017年10月第1版　2017年10月第1次印刷

787mm×1092mm　1/16　11.75印张　285千字
印数:0001-4000　定价:37.00元

前　言

"投资学"是为我校相关专业学生所开设的一门专业课程。通过该课程的学习,不仅在理论上教授学生相关投资学的知识,同时使学生掌握常用金融类软件的使用方法,培养学生利用金融软件获取数据和信息进行处理和分析的基本能力。

近年来,计算机和网络在金融中的应用得到迅速的发展,现代金融的电子化和网络化加快了金融全球化的进程。银行和各金融机构都在不断积极开发金融软件以提高其运营效率,因此,也对金融从业人员提出更高的要求。一方面,各金融机构对熟悉网络和计算机操作的金融人才的需求极为迫切;另一方面,为了满足这一需求,各大院校的金融经济专业也开始注重培养学生使用金融软件和网络的能力,以提高他们金融科技的应用能力。

因此,我们对原有的投资学课程教学体系加以改进,除了给学生讲授书本上的理论体系以外,还专门建设了金融实验中心,让学生使用金融软件,仿照实务部门的运行系统,进行投资的实验和操作,以培养学生不仅掌握书本理论,同时练就面对市场金融科技最新发展的实际分析和操作能力。也使他们能在毕业后从容应对市场的激烈竞争,站在金融市场发展的前沿。

本教程作为"投资学"课程的配套辅助教材,专门为"投资学"的实验教学部分量身打造,以期在理论教学的同时,用少量的课堂教学时间和大量的课外业余时间,帮助学生进行投资和分析的实验操作,真正实现理论与实践的结合。通过本教程的学习,主要期望达成以下目的:

- 掌握常用金融类软件的使用方法;
- 了解金融市场的运作方式和特点;
- 掌握常见的交易方法,了解交易流程;
- 能通过互联网搜索金融类资源;
- 通过各类实验系统进行各相关专题的仿真模拟;
- 学会运用相关软件进行建模,分析并选择投资标的,实现最佳决策。

本教程分为两个部分:第一部分以各类软件为导向,引出各个软件之下的模拟平台,涉及证券交易、信息获取、仿真模拟以及基金管理运营等多个方面,以充分实现投资的模拟操作实验;第二部分将投资学课程中的主要分析和定价内容分为十个案例,让学生运用软件进行分析建模和投资决策,以增强投资分析能力,提高投资业绩。

本教程的内容已经在投资学的教学中实施了多年。本次由金德环负责组织设计,闵敏承担了第一部分内容的编写,金德环、王海明承担了第二部分内容的编写。全书最后由金德环进行统稿和校对。

作为初次编写的本教程内容,给了学生一份较好的投资实验辅导资料,同时也一定存在不少缺点。我们真诚希望使用者在使用过程中给我们提出意见,便于以后进一步修订与完善。

金德环

2017 年 8 月

目　　录

前言 ··· 1

第一部分　证券投资操作实验教程

1　钱龙模拟交易系统 ·· 3
　1.1　系统特点 ··· 3
　1.2　股票行情与股票交易：学生端 ··· 4
　　1.2.1　行情登录 ··· 4
　　1.2.2　交易登录 ··· 6
　　1.2.3　交易主界面 ·· 7
　　1.2.4　买卖股票 ··· 7
　　1.2.5　查撤委托 ··· 7
　　1.2.6　修改用户资料 ··· 7
　　1.2.7　查询账户基础信息 ··· 8
　　1.2.8　查询账户资金持仓信息 ··· 9
　　1.2.9　当日委托 ·· 10
　　1.2.10　查历史委托 ··· 10
　　1.2.11　查当日成交 ··· 11
　　1.2.12　单账号批量下单 ··· 11
　　1.2.13　多账号批量下单 ··· 12
　1.3　证券交易管理系统：管理员/教师端 ··· 12
　　1.3.1　管理登录 ··· 12
　　1.3.2　系统结构图 ·· 13
　　1.3.3　查看排名 ··· 13
　　1.3.4　教师管理 ··· 14
　　1.3.5　用户管理 ··· 15
　　1.3.6　资金管理 ··· 16
　　1.3.7　交易管理 ··· 16

1.4 期货模拟交易平台:学生端 17
1.4.1 交易登录 18
1.4.2 委托下单 19
1.4.3 撤销委托 20
1.4.4 查询历史委托 21
1.4.5 查询成交 22
1.4.6 用户持仓查询 22
1.4.7 查询交易品种 23

1.5 期货交易管理系统:管理员/教师端 23
1.5.1 管理登录 23
1.5.2 期货交易管理系统结构 24
1.5.3 教师管理 24
1.5.4 班级管理 25
1.5.5 用户管理 26
1.5.6 资金管理 26
1.5.7 设置交易品种 27
1.5.8 设置期货交易参数 27
1.5.9 资金状况 28

1.6 跨期交易套利实验 28
1.6.1 基本原理 28
1.6.2 套利思路 29
1.6.3 套利实例 29
1.6.4 跨期套利注意事项 30

1.7 ETF股指期现套利 31
1.7.1 基本原理 31
1.7.2 套利思路 32
1.7.3 套利实例 33
1.7.4 收益一览 38

2 Wind资讯金融终端 41
2.1 系统介绍 41
2.1.1 系统主菜单 41
2.1.2 股票新闻资讯 42

	2.1.3 股票行情屏幕	44
	2.1.4 查询多维数据	45
	2.1.5 查询基金数据	48
	2.1.6 宏观经济	50
	2.1.7 其他功能	51
2.2	选股实验	52
	2.2.1 实验简述	52
	2.2.2 选股流程	52
2.3	基金分析实验	55
2.4	Excel 插件及代码生成器运用实验	58
	2.4.1 修复 Excel 插件	58
	2.4.2 使用 Wind 资讯查询历史信息	60
	2.4.3 使用 Wind 资讯查询实时信息	64
	2.4.4 代码生成器实验	65

3 场内模拟交易撮合系统 …… 68

3.1	软件功能概述	68
3.2	程序安装	68
	3.2.1 教师端程序的安装	68
	3.2.2 学生端程序的安装	69
3.3	场内模拟撮合实验	70
	3.3.1 教师端操作	70
	3.3.2 学生端介绍	72
	3.3.3 实验流程	73
	3.3.4 甲股杀实验样例介绍	78
3.4	国债模拟招标实验	82
	3.4.1 国债招标基础知识	82
	3.4.2 国债招投标实验	82
	3.4.3 实验流程	83
	3.4.4 三种招标方式结果实例	86

4 基金模拟运营实验 …… 91

| 4.1 | 叩富平台说明 | 91 |

4.1.1　教师端 …………………………………………………………… 91
　　4.1.2　学生端 …………………………………………………………… 95
4.2　基金模拟运营系统 ………………………………………………………… 96
4.3　实验设置 …………………………………………………………………… 96
4.4　实验流程 …………………………………………………………………… 97
4.5　实验评定 …………………………………………………………………… 103

第二部分　投资学核心内容案例实验教程

实验案例一　最优投资组合选择 ………………………………………………… 107
实验案例二　使用中国证券市场数据构建资本资产定价模型 ………………… 115
实验案例三　债券组合管理模型 ………………………………………………… 119
实验案例四　二叉树期权定价模型 ……………………………………………… 126
实验案例五　最优投资组合 ……………………………………………………… 134
实验案例六　债券组合管理模型 ………………………………………………… 139
实验案例七　Black-Scholes 期权定价模型 ……………………………………… 143
实验案例八　Fama-French 三因素模型 ………………………………………… 154
实验案例九　投资组合业绩评价 ………………………………………………… 159
实验案例十　公司价值评估 ……………………………………………………… 167

第一部分

证券投资操作实验教程

1 钱龙模拟交易系统
2 Wind 资讯金融终端
3 场内模拟交易撮合系统
4 基金模拟运营实验

1

钱龙模拟交易系统

1.1 系统特点

钱龙证券模拟交易系统是一个基于高质量的证券基本面信息数据库之上的专业投资分析与交易系统。该系统对证券基本数据和行情数据进行深入挖掘和有序组织,以满足机构投资者和证券分析人员等市场高端用户的需求。

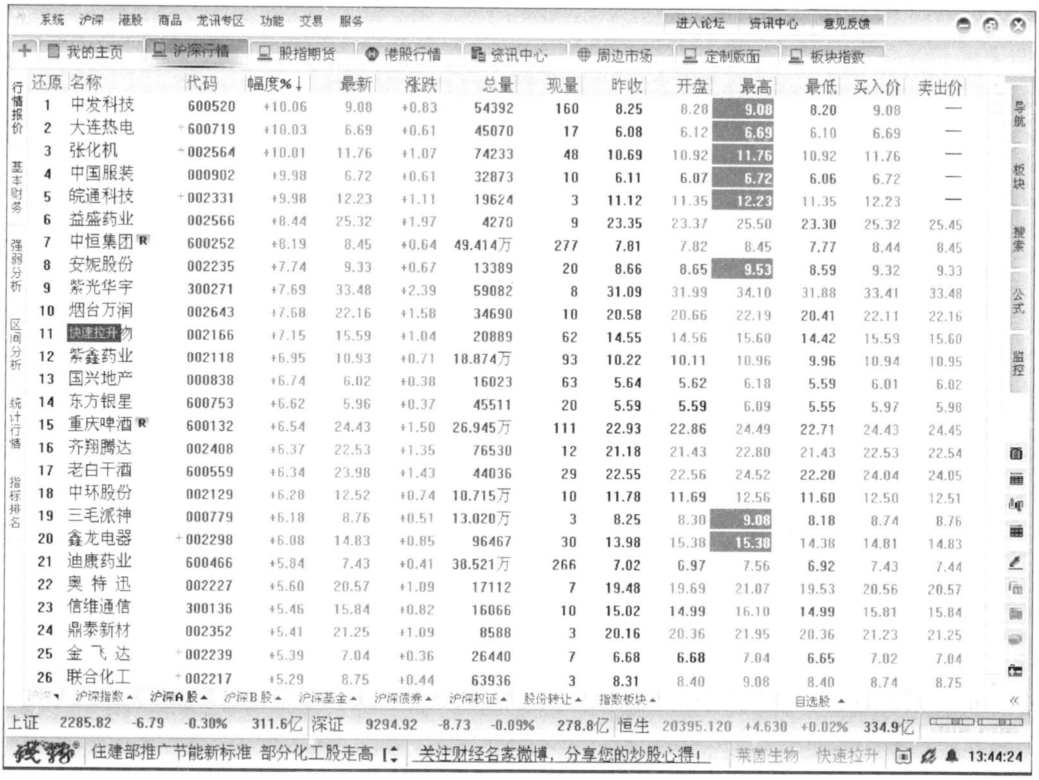

图1.1.1 钱龙行情沪深股票列表

通过对钱龙证券模拟交易系统的学习和训练,可以指导学生如何分析和预测资产价格和市场,发现证券市场中存在的估值洼地,并提供模拟投资训练环境。

钱龙证券模拟交易系统运行在 Windows 平台之上,因此系统各功能的设计和画面也极大地尊重 Windows 系统的风格和操作习惯,如键盘向导、鼠标右键菜单、鼠标双击、动态帮助、窗口自由设置以及数据图形输出等设计模式,使系统实现操作的标准化和便捷化,使用户操作起来方便自如。

同时,钱龙证券模拟交易系统也是一个开放的具有可拓展性的系统。能够针对证券市场高级用户的实际需求设计个性化的高级功能是本系统的重要特征,如实时的市场综合监控、投资组合与风险分析、市场数据的专项统计、股票交易资产管理等,该类高级功能也可以针对用户的特殊需求,来为其专门设计与定制。

1.2 股票行情与股票交易:学生端

点击主菜单,选择证券市场,如图 1.2.1 所示。

图 1.2.1 教学软件主菜单

1.2.1 行情登录

在主控界面下按相应按钮进入,即启动实时行情应用程序,弹出登录对话框,如图

1.2.2所示,无须修改用户名和密码,点击登录,即进入主菜单画面。

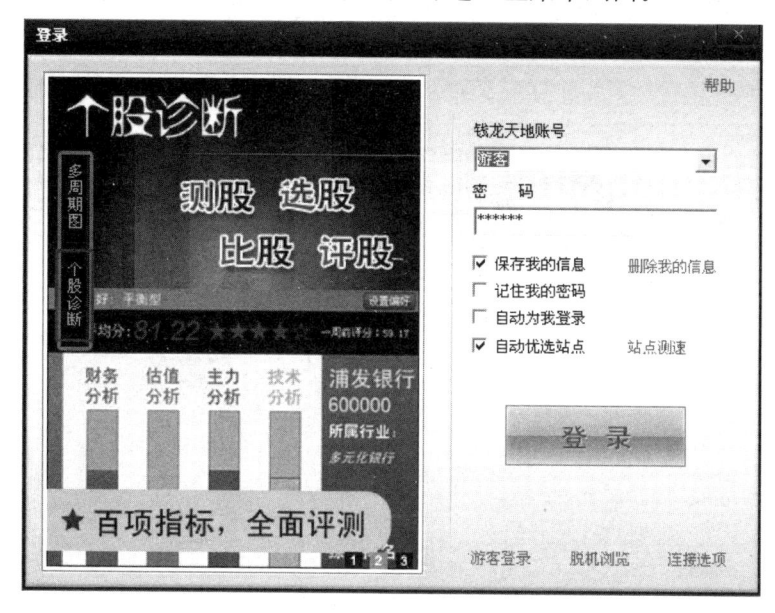

图1.2.2　行情系统登录

点击"沪深行情"按钮,进入相关报价页面,如图1.2.3所示。

图1.2.3　沪深行情列表

1.2.2 交易登录

点击上方"交易"按钮，如图1.2.4所示，进入证券下单系统。

图1.2.4 交易下单登录方式

键入个人账号和密码，即可进入证券下单系统，如图1.2.5所示。

图1.2.5 证券下单登录界面

1.2.3 交易主界面

交易软件界面如图1.2.6所示，左侧菜单栏可以执行买入、卖出、查询未成交的委托以及投资者当日的委托明细、历史委托明细等内容，如图所示，点击"买入"功能，可以对股票进行买入操作。

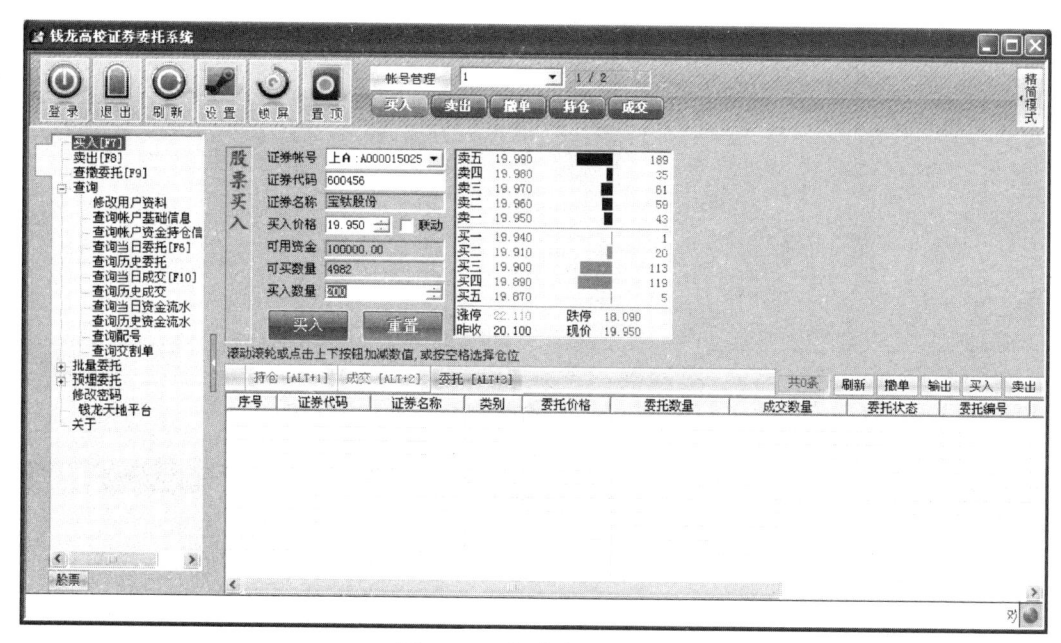

图 1.2.6　证券交易主界面

1.2.4 买卖股票

买入过程中，在右侧可以输入需要买入的股票代码，系统会根据股票代码识别，如存在该股票，则自动返回股票的名称，并且在右侧显示股票的实时五档盘口明细，填写买入价格，系统会根据可用资金自动计算可以购买股票的数量，填入不超过可买数量的股票数量，可以进行买入操作。

1.2.5 查撤委托

用户可通过本功能查询，并对列表中所选的委托进行撤单，如图1.2.7所示。

1.2.6 修改用户资料

用户可以对自己的资料进行维护，点击"修改"，可以保存信息，如图1.2.8所示。

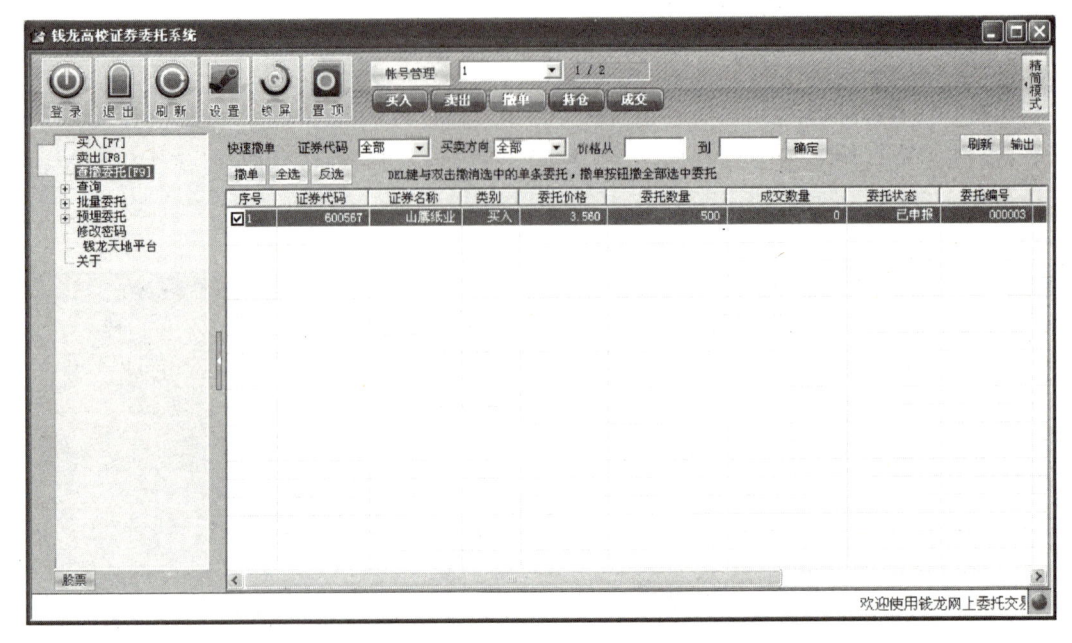

图 1.2.7　查撤委托表

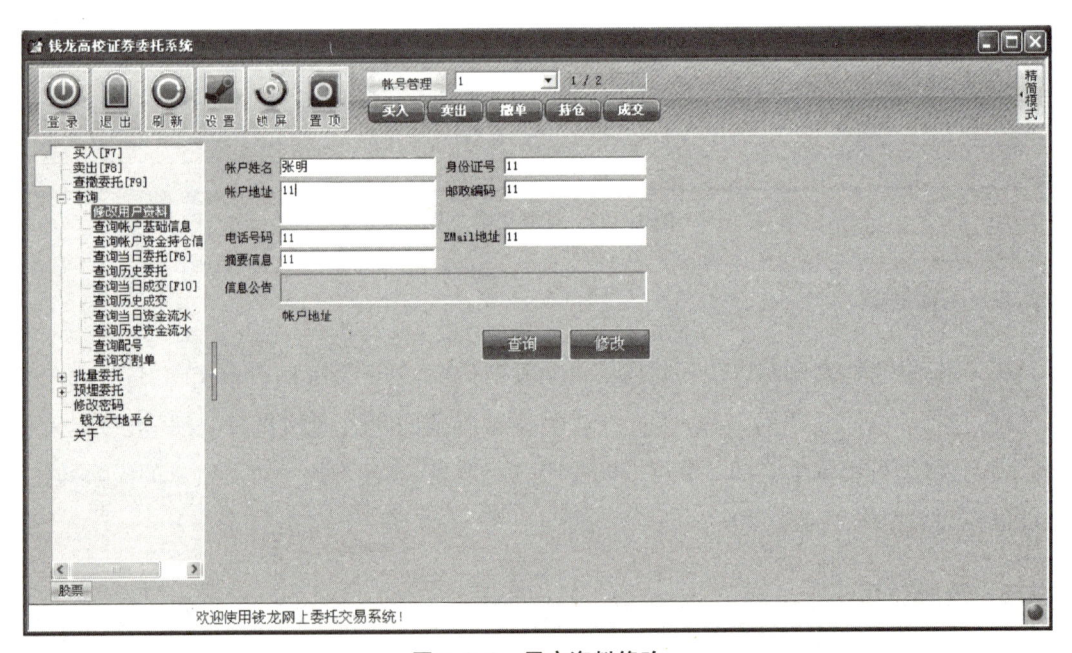

图 1.2.8　用户资料修改

1.2.7　查询账户基础信息

点击查询用户的基础资金账户信息,可以查询到用户名下各个股东账号不同币种的资金余额等内容,如图 1.2.9 所示。

1 钱龙模拟交易系统

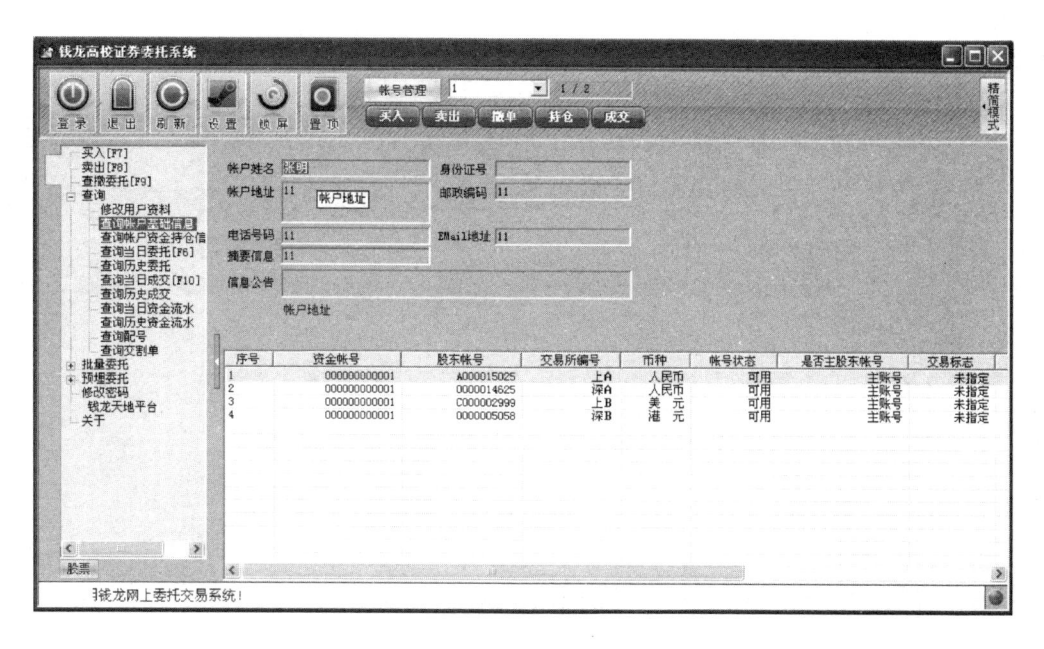

图 1.2.9 账户基础信息

1.2.8 查询账户资金持仓信息

利用该功能可以查询账户资金和持仓信息，以及各个持仓股票相应的证券市值和盈亏比例，如图 1.2.10 所示。

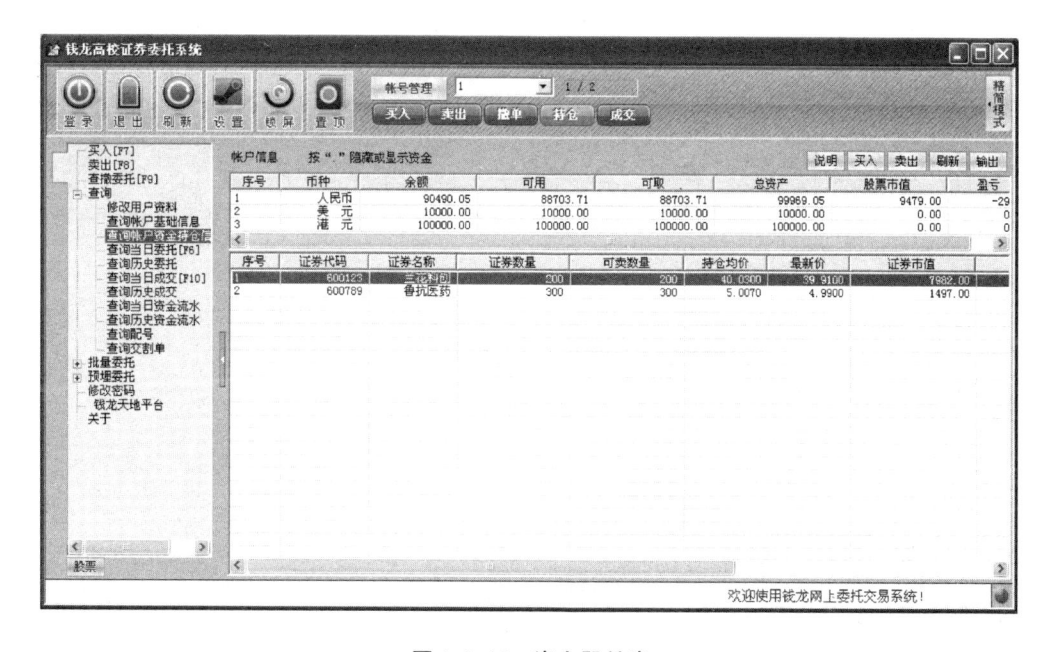

图 1.2.10 资金股份表

1.2.9 当日委托

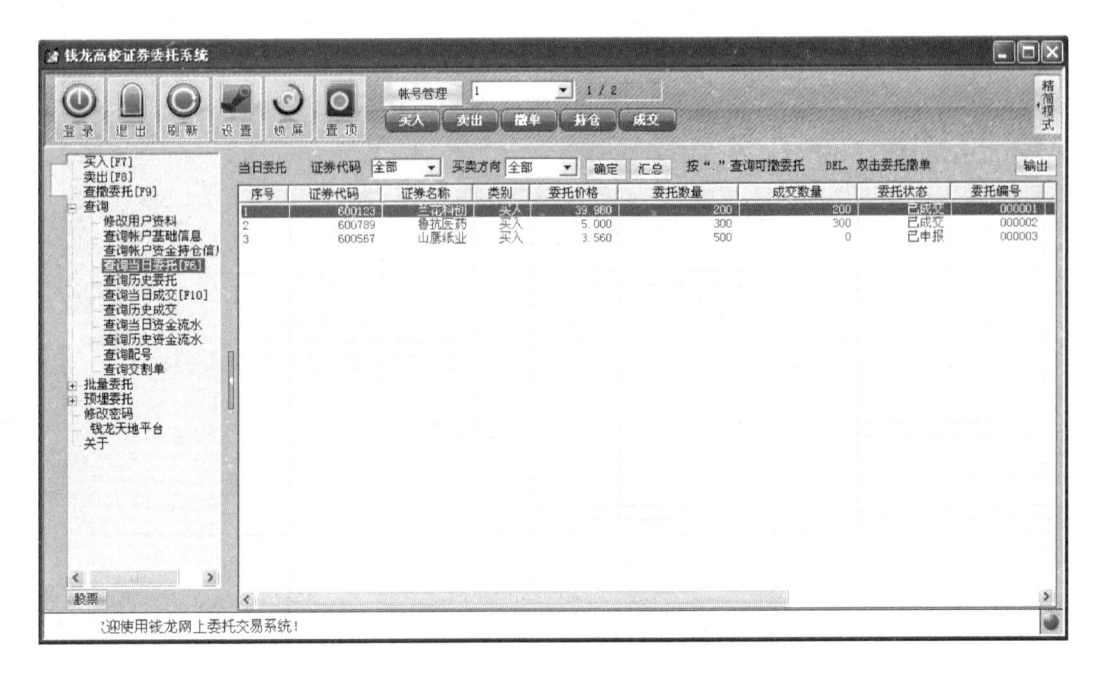

图 1.2.11 当日委托表

1.2.10 查历史委托

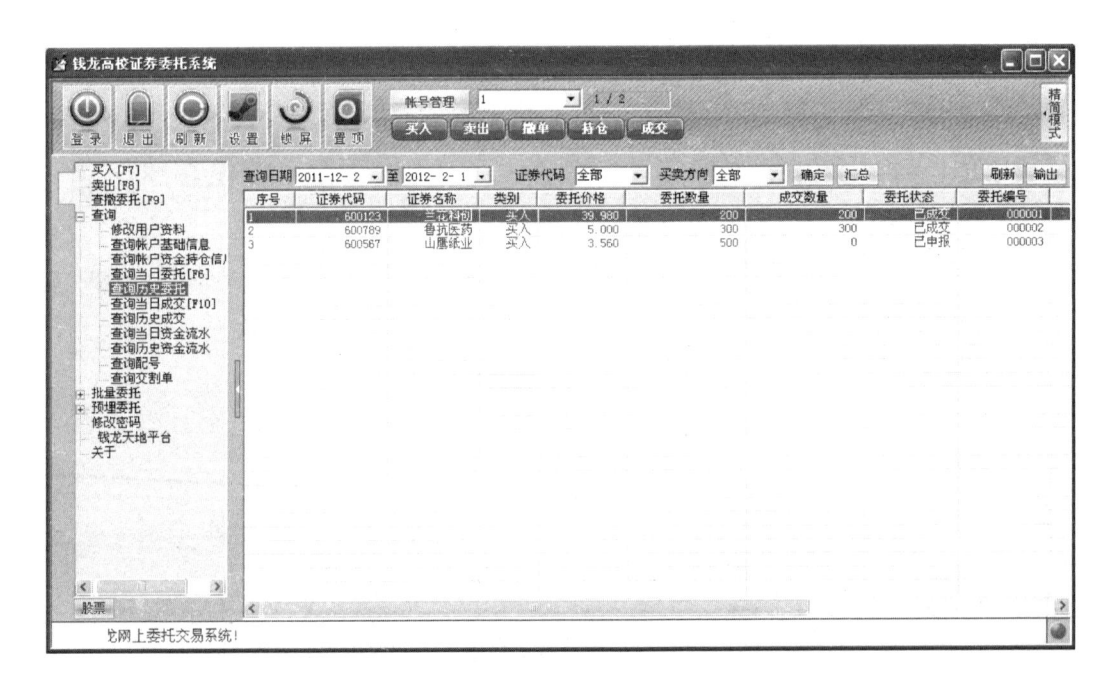

图 1.2.12 历史委托表

1.2.11　查当日成交

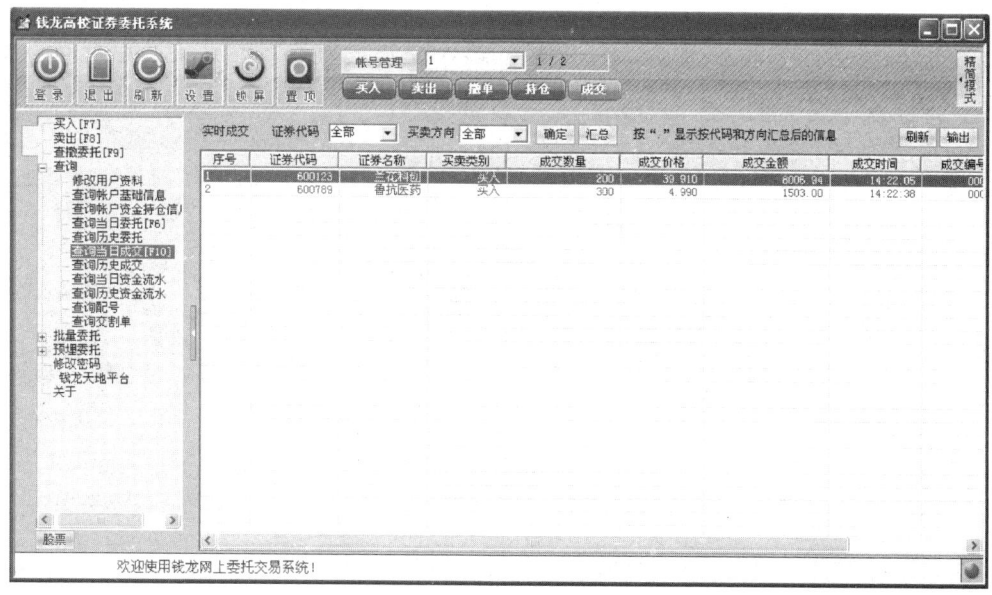

图 1.2.13　当日成交表

1.2.12　单账号批量下单

对于单个标的的交易需求,为了防止建仓时冲击成本太大,钱龙证券交易软件提供了批量下单功能,对于预先设定好的股票标的,设定需要买入的总金额,系统可以按照不同的批量交易策略进行自动拆单交易。

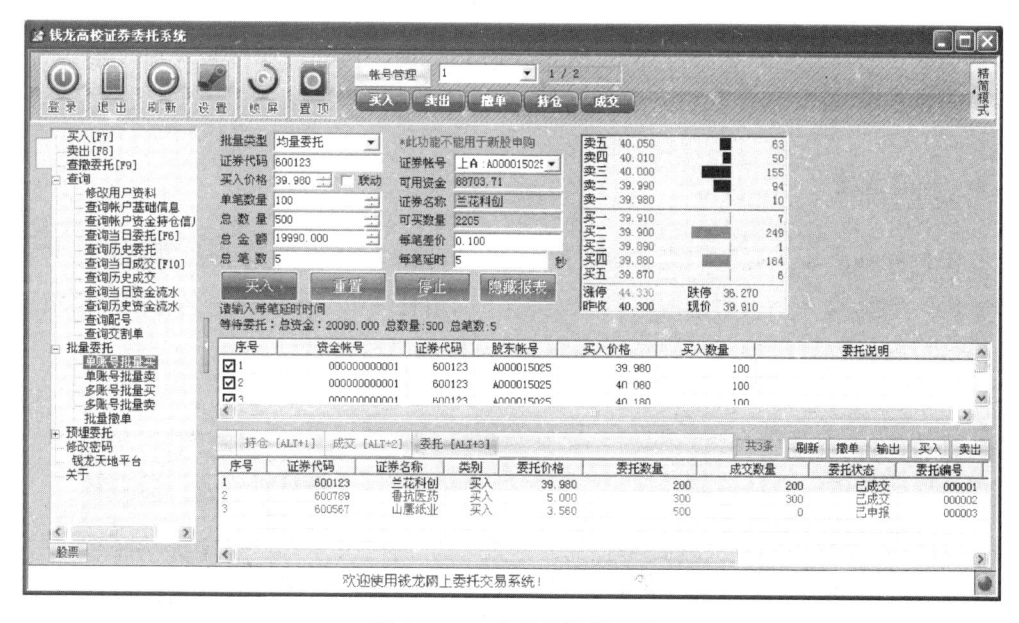

图 1.2.14　单账号批量下单

1.2.13 多账号批量下单

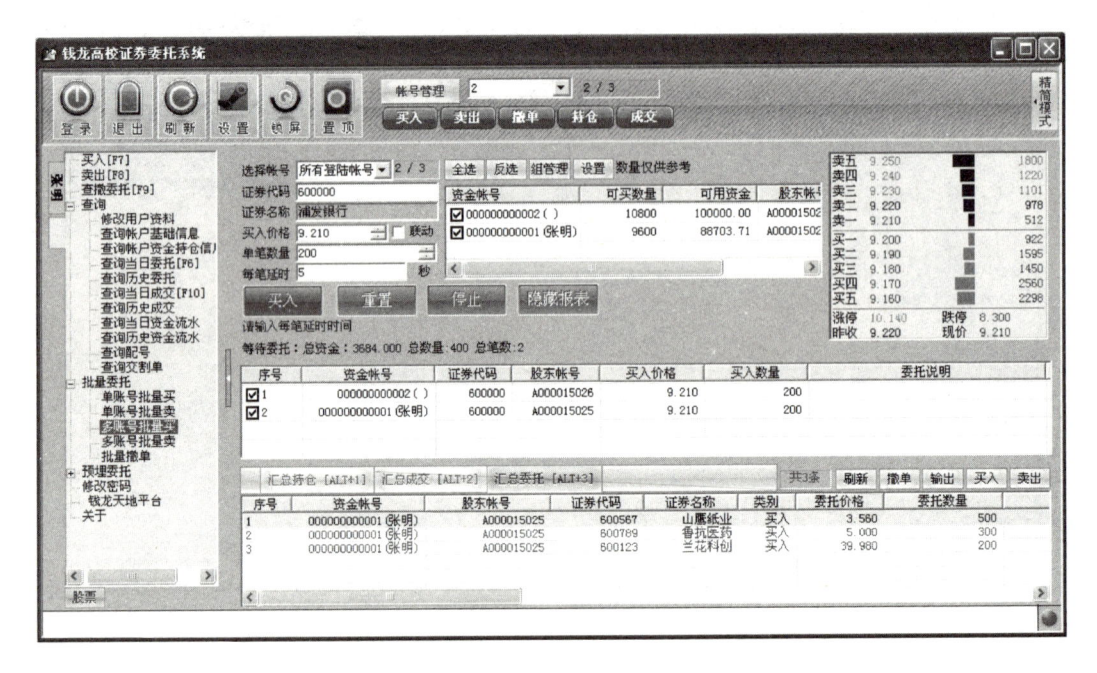

图 1.2.15 多账号下单

1.3 证券交易管理系统：管理员/教师端

专为高校量身定制的交易管理系统，提供教师管理、班级管理、批量注册及成绩排行、导出等实用功能，使教师的日常管理轻松自如。

1.3.1 管理登录

在主控界面下按相应按钮进入，即弹出交易管理登录对话框，管理员默认账号和密码均为 admin，建议使用后及时修改密码。（教师可以用管理员开设的用户名和密码登录）

图 1.3.1 证券交易管理系统登录框　　图 1.3.2 修改密码位置

1.3.2 系统结构图

系统结构如下：

- 交易管理系统
  - 用户管理（主要包括批量注册用户以及班级管理）
  - 资金管理（用于账号的特殊存取操作）
  - 交易设置（分红送配设置或切换 T+0 操作等）
  - 用户排名（查询明细的资金收益排名）
  - 教师管理（注册或注销教师号）
  - 查看（工具栏、状态栏查看）
  - 平仓（对股票进行平仓）
  - 系统（修改本用户密码、查看版本信息）

图 1.3.3 证券交易管理系统

1.3.3 查看排名

教师可以方便地进行收益率排名，按不同的班级、币种统计出学生名次，并可导出表格。（排名中的汇率换算可以统计同一用户所有币种的总资产，由系统自动将美元、港币换算成人民币。）

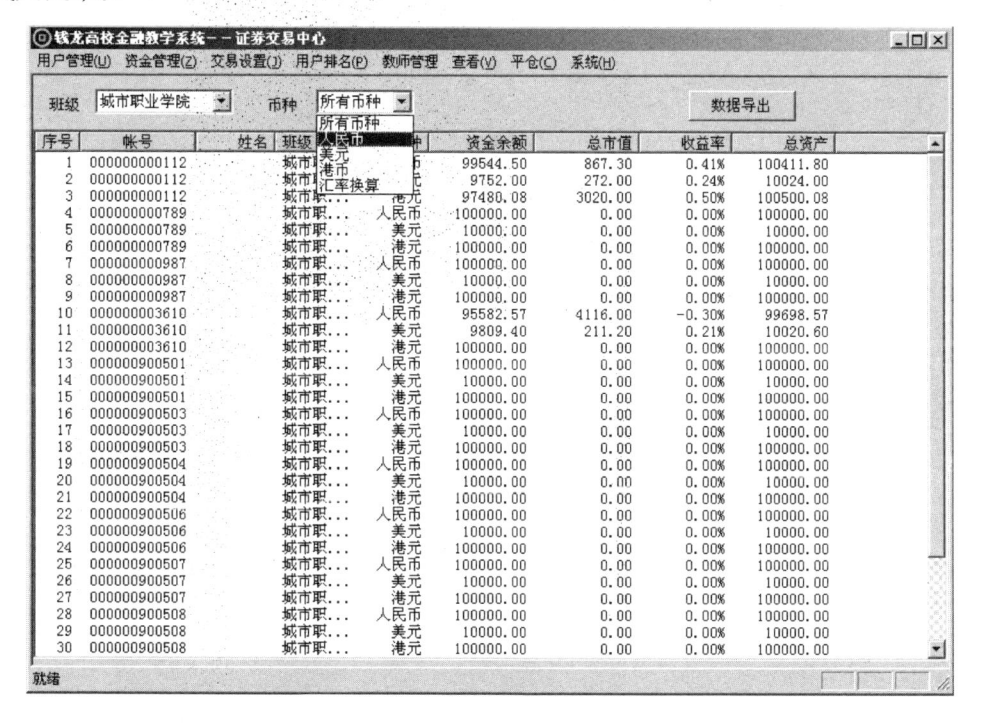

图 1.3.4 排名表

对成绩优秀的学生,教师可以把他们的成交明细打印出来做一下点评。

操作:在用户排名中双击该学生姓名,即可查看明细。

图 1.3.5　成交明细

1.3.4　教师管理

注册教师,并应在用户管理中给注册教师授予相应的管理班级的权限,教师使用 T 开头的账号可以登录管理界面,对相应绑定的班级进行管理。

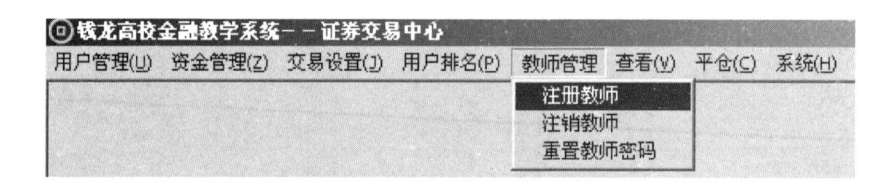

图 1.3.6　教师管理功能

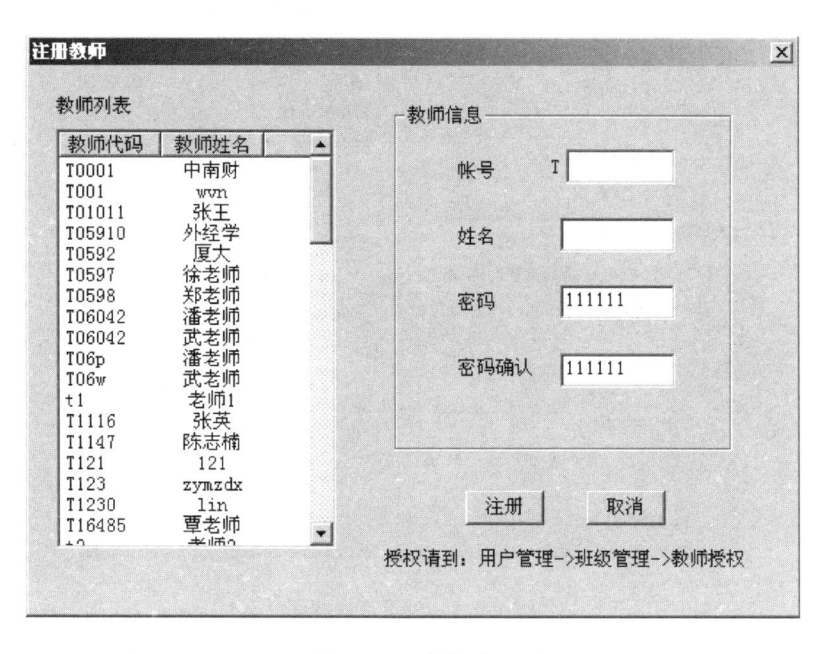

图 1.3.7　教师注册

1.3.5　用户管理

在班级管理对话框中，系统管理员可以增加和减少班级的数量，对各个教师账户进行授权，也可以对各个注册的学生进行更换班级的操作。

图 1.3.8　班级管理

在注册用户时，可以批量给学生设置账号，并为账号分配初始资金，在账号属性中，可以为学生指定可以交易的证券品种。

图1.3.9 批量开户界面

1.3.6 资金管理

键入用户的账号,可以对该用户的资金进行存款和取款操作。

图1.3.10 资金管理界面

1.3.7 交易管理

证券分红送配:当发生分红配股的情况,教师可在此将信息输入。系统会按比例对持有该股票的账户进行处理。

注意:教师必须在该股票的股权登记日收盘后至次日开市之前进行送配处理。

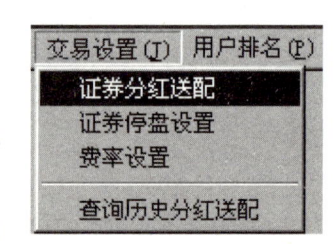

图1.3.11 交易设置菜单

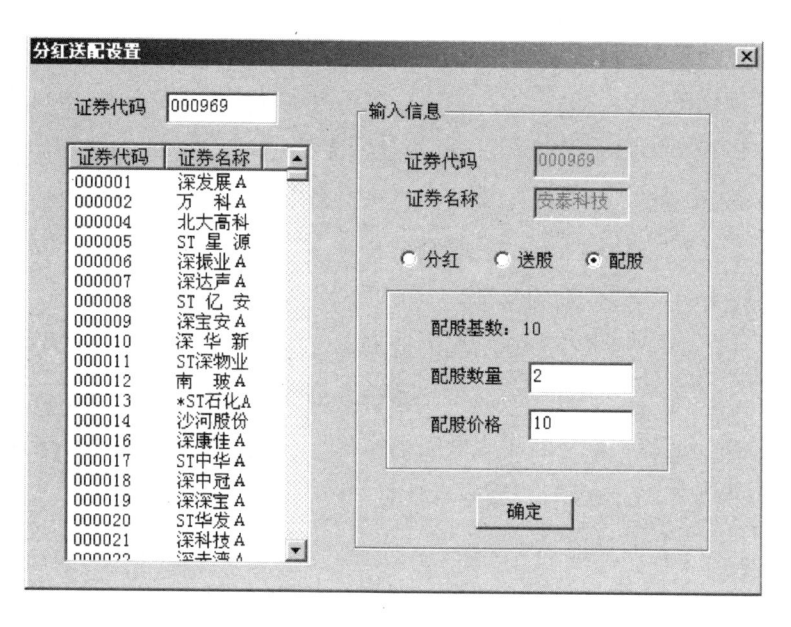

图 1.3.12　分红送配界面

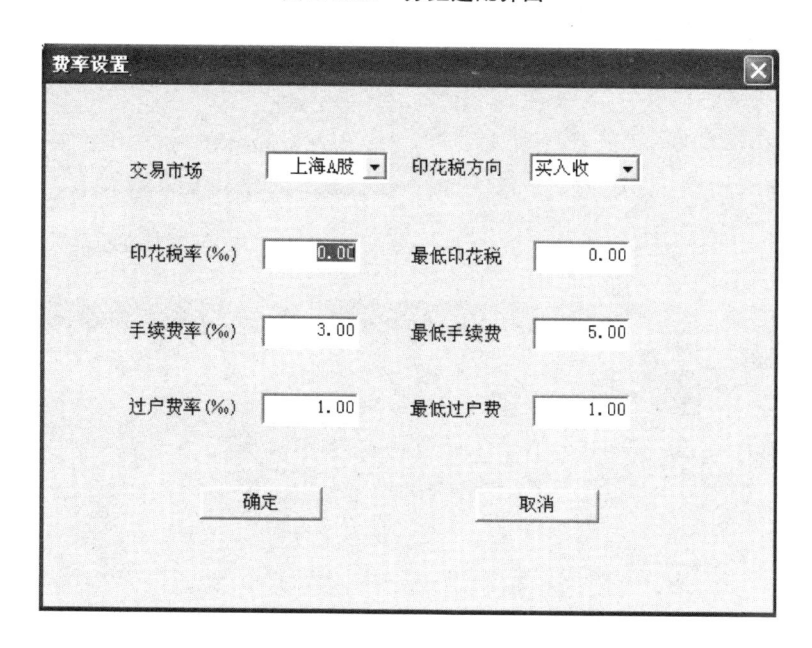

图 1.3.13　费率设置

1.4　期货模拟交易平台:学生端

期货交易使用独立的期货模拟交易平台,支持模拟上期所、郑商所、连交所、中金所所有商品期货以及金融期货的模拟交易。

系统结构如下：

- 交易管理系统
  - 委托下单（对具体品种进行开仓、平仓的交易）
  - 撤销委托（对已下单还未成交的委托进行撤单）
  - 查询历史委托（历史委托信息的查询）
  - 查询成交（对当日成交的查询）
  - 用户持仓查询（该账户持仓情况的查询）
  - 查询交易品种（对所有交易品种初始设置信息进行查询）
  - 修改账户信息（可以进行个人资料的修改）
  - 系统（修改本用户密码、查看版本信息）

1.4.1 交易登录

在主控界面下按相应按钮进入，即弹出登录对话框，如图1.4.1所示。

输入账号和密码，进入系统后，即出现如图1.4.2所示的画面，左侧菜单对各个期货交易功能进行切换，右侧为具体功能的实现。

图1.4.1 期货交易登录界面

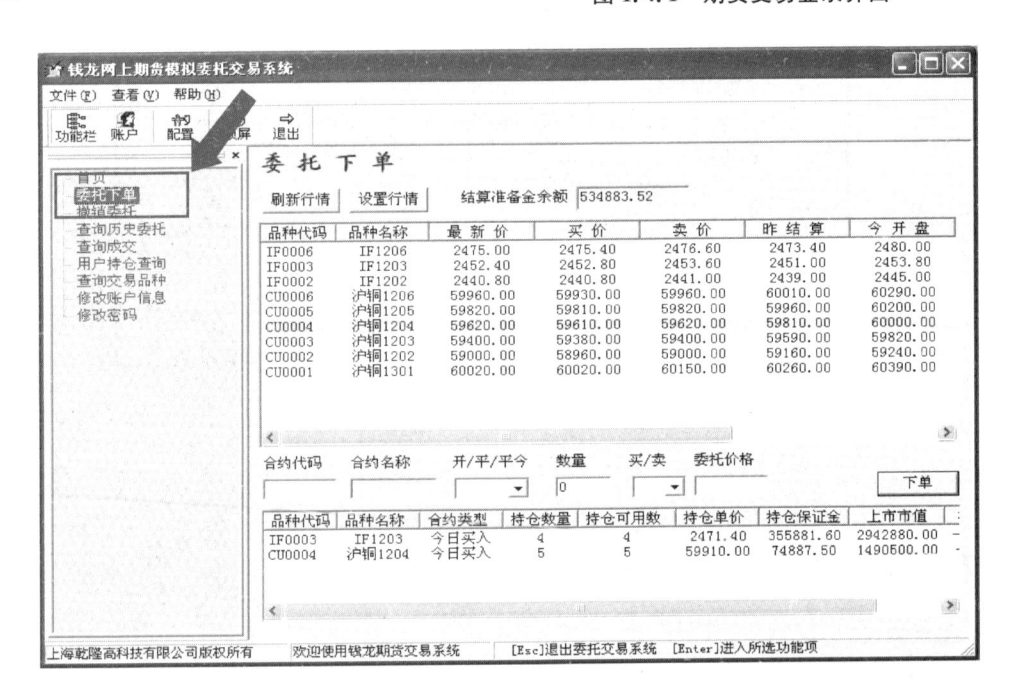

图1.4.2 期货交易主界面

所有用户在初次登录后务必于第一时间更改初始密码。

1.4.2 委托下单

点击"设置行情",出现如图1.4.3所示的对话框。

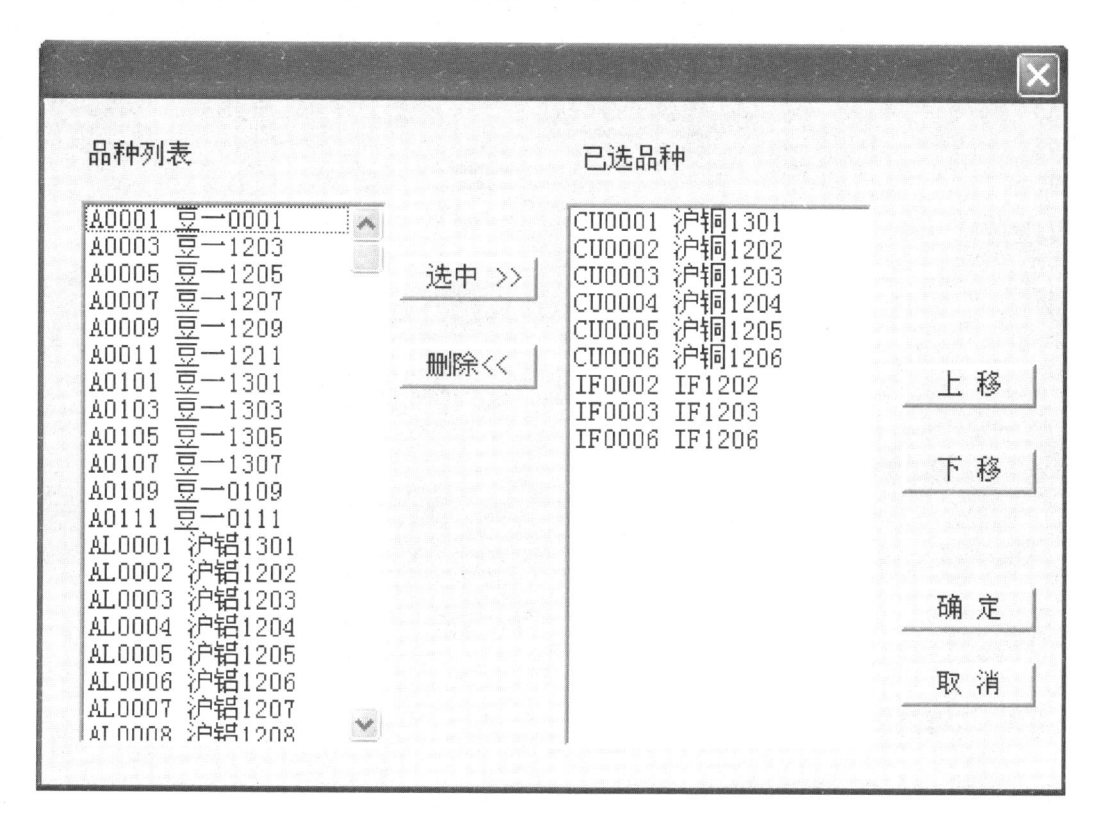

图1.4.3 期货品种选择界面

左侧品种列表中罗列了所有期货可交易品种,操作者可按照自己的需求,将所需品种选入"已选品种",操作完毕,按"确定"键结束操作,此时,委托下单行情栏中的交易品种即为已选品种。

对于你需要的交易,双击交易品种即可,此时有三种交易方式可供选择。

开仓:在期货交易中通常有两种操作方式,一种是看涨行情做多头(买方),另一种是看跌行情做空头(卖方)。无论是做多还是做空,下单买卖都称之为"开仓"。

平仓:平掉已持有的仓位。

平今:平掉今日所开的仓位。

与证券交易不同的是,期货交易中有保证金制度,在保证金交易里,买卖双方只须付一小笔保证金给经纪商即可。

关于保证金的比例,可通过"查询交易品种"查看。

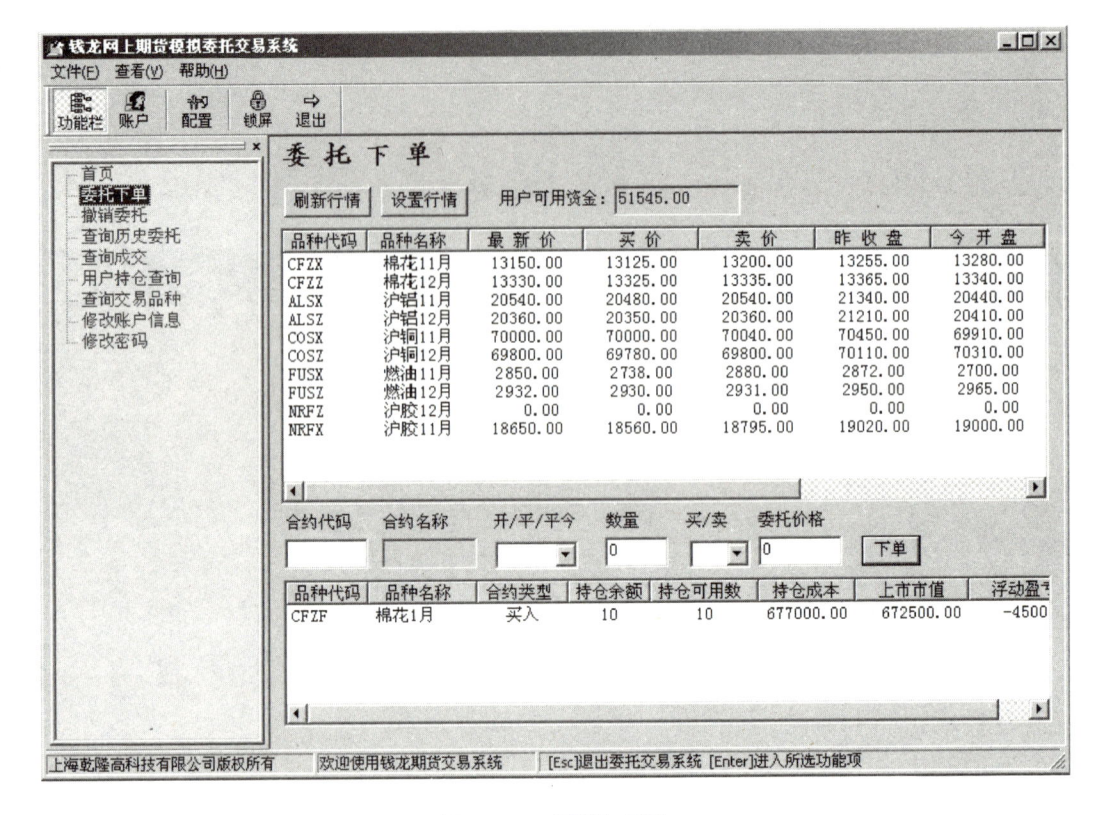

图 1.4.4 行情与委托

1.4.3 撤销委托

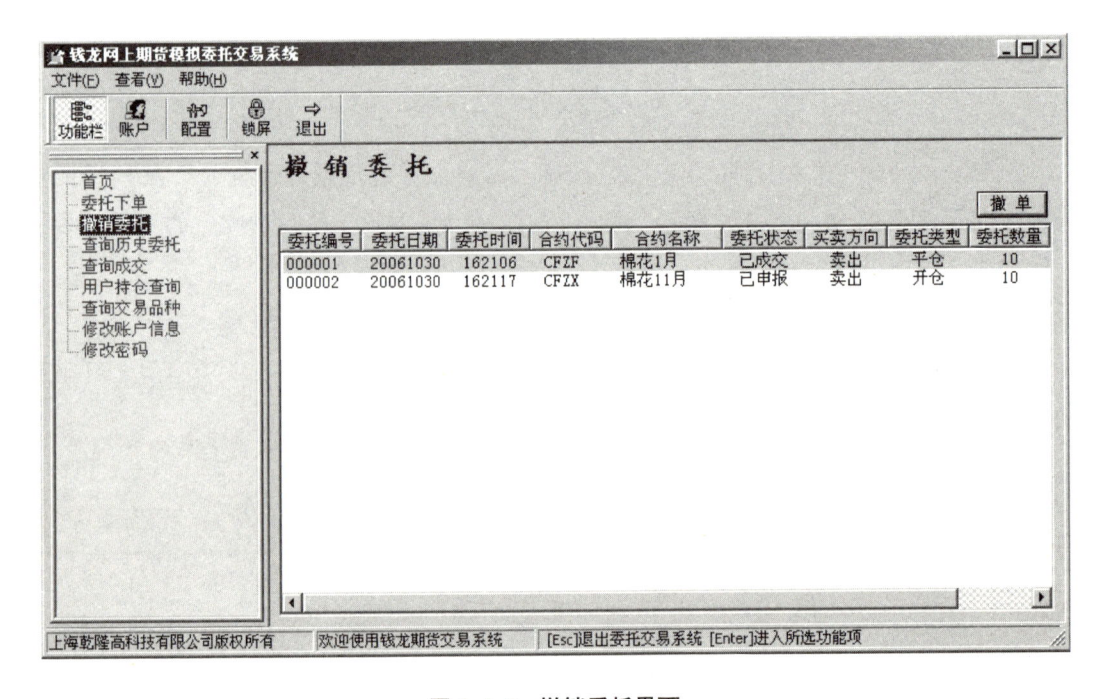

图 1.4.5 撤销委托界面

对已下单但并未成交的委托,可进行撤单处理。

1.4.4 查询历史委托

查询历史委托功能,点击"查询"按钮,确定查询的日期范围,系统将显示历史委托交易列表。

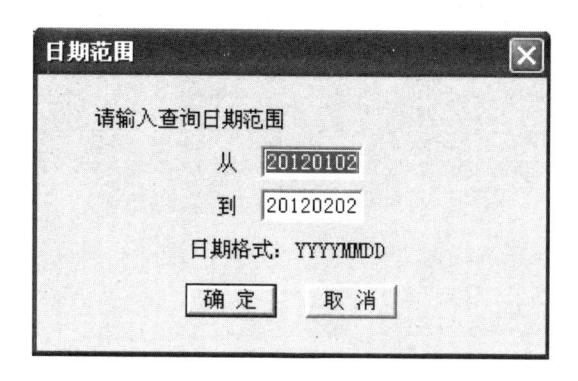

图 1.4.6　日期范围选择

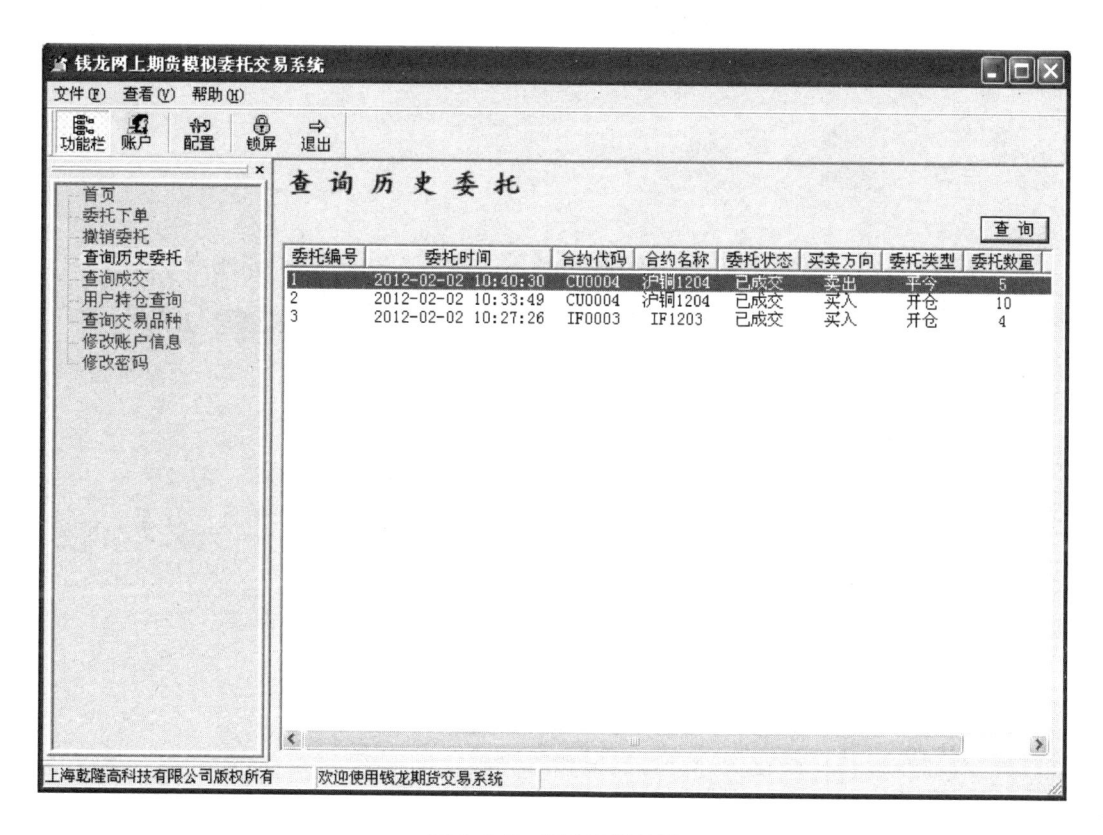

图 1.4.7　历史委托结果

1.4.5 查询成交

查询成交方法与查询历史委托方法相同。

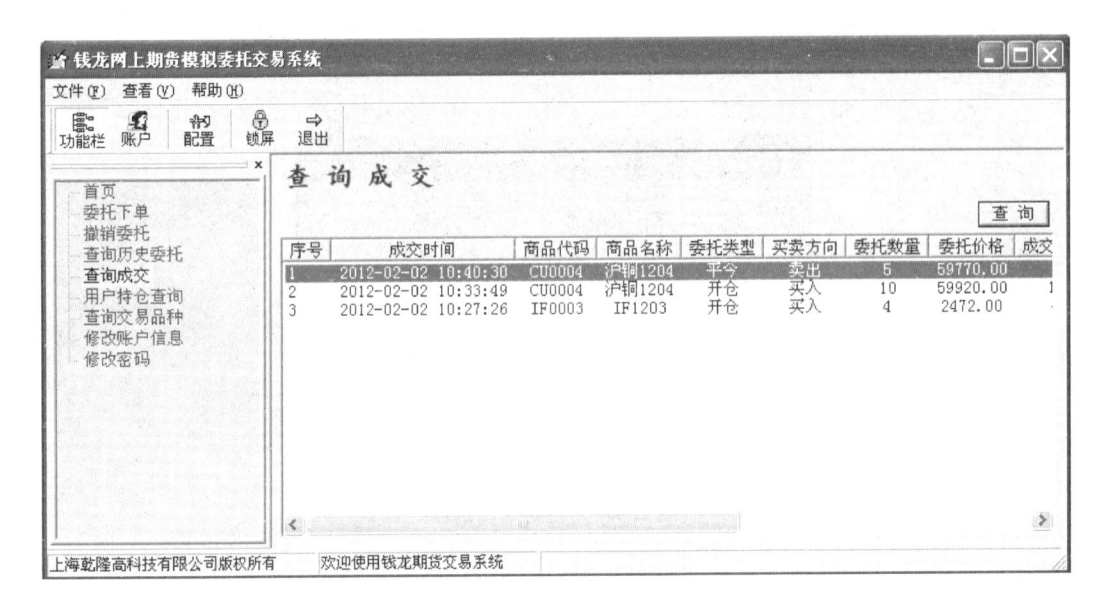

图 1.4.8 查询成交界面

1.4.6 用户持仓查询

点击"用户持仓查询",查询用户当前的持仓以及实时的盈亏水平。

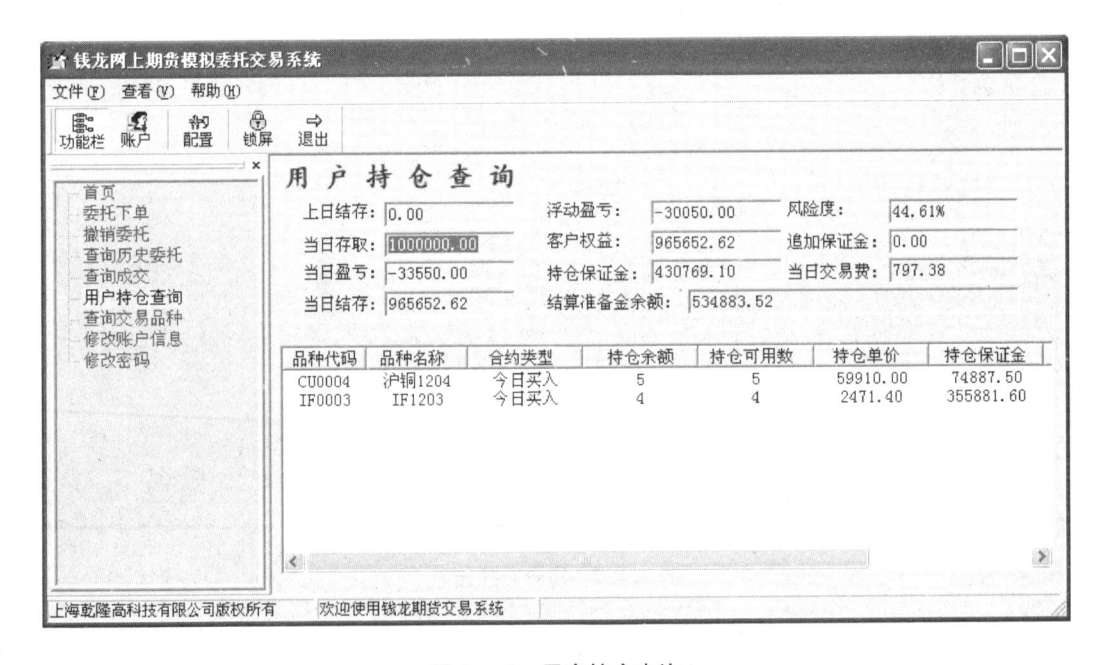

图 1.4.9 用户持仓查询

1.4.7 查询交易品种

查询交易品种功能可以对期货合约的要素进行一览，投资者可以根据自己的保证金规模合理安排交易。

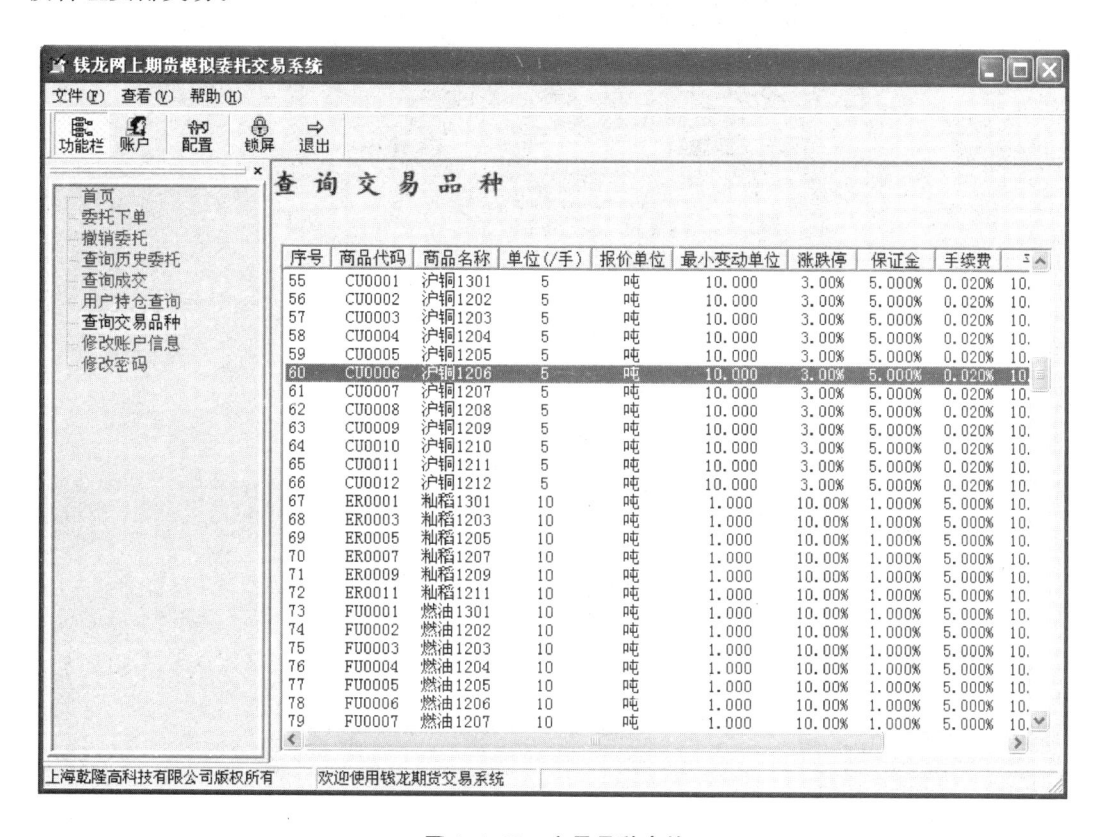

图1.4.10 交易品种合约

1.5 期货交易管理系统：管理员/教师端

专为高校量身定制的交易管理系统，提供教师管理、班级管理、批量注册及成绩排行、导出等实用功能，使教师的日常管理轻松自如。

1.5.1 管理登录

在主控界面下按相应按钮进入，即弹出交易管理登录对话框，如图1.5.1所示。

管理员默认账号和密码均为admin，建

图1.5.1 期货交易管理登录界面
（教师可以用管理员开设的用户名和密码登录）

议使用后及时修改密码。

如果出现"连接数据库失败"的提示,说明登录信息设置不正确。请打开 test.udl 配置文件,对钱龙客户端网络地址正确设置。

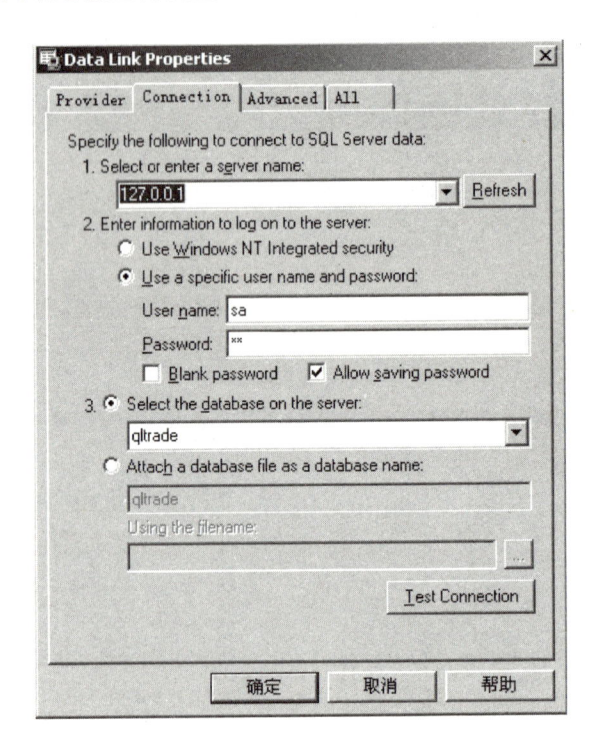

图 1.5.2　数据库连接信息设置

1.5.2　期货交易管理系统结构

系统结构如下:

- 交易管理系统

　　– 用户管理(主要包括批量注册用户以及班级管理)

　　– 资金管理(用于账号的资金存取操作)

　　– 教师管理(注册或注销教师号)

　　– 期货交易设置(设置交易品种、路径及参数)

　　– 资金状况(查询明细的资金收益排名)

　　– 系统(修改本用户密码、查看版本信息)

1.5.3　教师管理

注册教师,并应在用户管理中给注册教师授予相应的管理班级的权限。

图 1.5.3　教师管理界面

1.5.4　班级管理

可以提供便捷、实用的班级增减、教师授权、学生换班功能。

图 1.5.4　班级管理界面

1.5.5 用户管理

方便地批量注册学生，统一给予初始资金。

图 1.5.5　用户管理界面

1.5.6 资金管理

输入学生的账号，对学生的资金进行存取款操作。

图 1.5.6　资金管理界面

1.5.7 设置交易品种

出现以下对话框后,操作者可按照自己的需求将所需品种选入允许交易的品种。

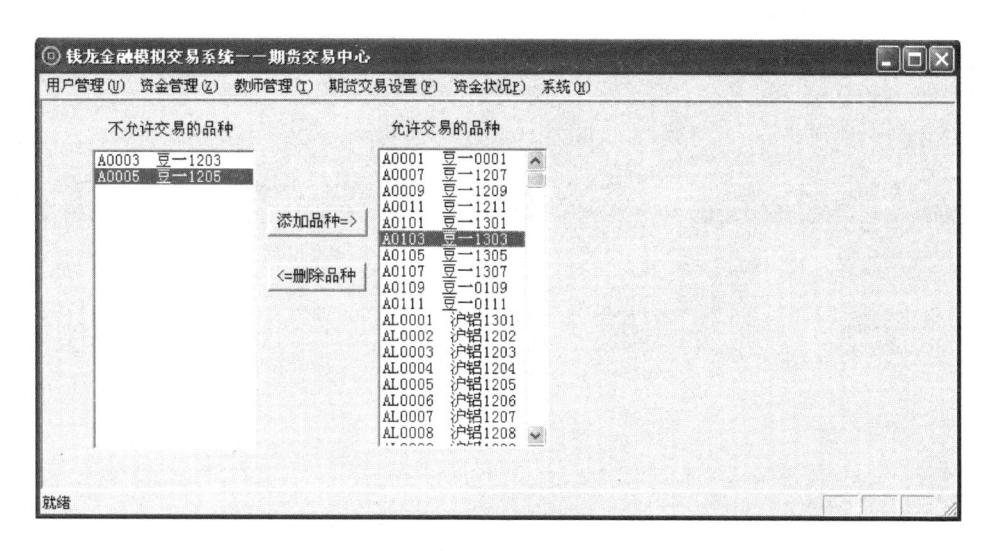

图 1.5.7　可交易的期货品种管理

1.5.8 设置期货交易参数

对不同的交易品种,设定交易所需的保证金比例、手续费率、平仓费等。

图 1.5.8　期货交易参数设置

1.5.9 资金状况

资金收益排名——教师可以方便地进行收益排名。

图 1.5.9 资金收益排名

1.6 跨期交易套利实验

1.6.1 基本原理

在期货交易中，由于同一商品的不同合约的价格是受到同样的因素影响，因此一般是同涨同跌的，而且最终合约间的价差的结果往往有一定的规律性，而决定合约间价差关系的因素主要有持仓费用、季节性因素、现货供求状况变化和人为因素等。但在合约存活的整个交易过程中，由于资金对各合约的交易的不均衡，各合约的涨跌幅度往往是不一致的。正是这种涨跌幅度的差异给了套利交易者获利的机会。

跨期套利是利用不同到期月份期货合约的价差变化，在买入一个期货合约的同时，卖出另一个期货合约，等价差扩大或缩小到一定幅度，将两个合约一起平仓来获利的操作模式。跨期套利是现实条件下最为成熟和风险较小的套利交易模式,理论上分为正向套利与反向套利两种模式。正向套利:买入近期合约、卖出远期合约;反向套利:卖出近期合约、买入远期合约。由于反向套利不能转化为实盘套利,当现货紧张时近月对远月升水可以无限增加,所以反向套利的风险是事先不可预知的,在交易中必须要设好止损,执行严格的资金管理。

1.6.2 套利思路

无论是正向套利还是反向套利,要点都是要知道什么情形下价差属于正常范围、什么情形下价差属于不正常范围。只有价差处于不正常区域内,我们预期存在价差回归正常的过程,才能存在跨期价差套利机会。

目前一般采取下面两种方式来确定价差的合理区域:

1. 按照交割式套利(仓单回购)方式,计算各价差之间的套利成本,然后对相应的价差进行追踪,如果价差超过此套利成本,则存在无风险(交割式)套利机会。

2. 根据历史数据统计结果导出一般情形下某月份的合约间的价差变化规律,然后对比本年度同月份的合约的价差变化情况,如果偏离过大,则可能存在价差回归过程,从而产生价差套利机会。由于资金面的松紧程度、商品的紧缺或过剩、国家的行业政策等因素很可能发生变化,使得目前的同种商品的价格环境与历史环境产生差异,导致价差可能不再向历史规律回归,因此按这个方式确定的套利机会还是存在一定的风险。

1.6.3 套利实例

下面我们分别以白糖 SR905－SR909 价差和棉花 CF905－CF909 价差为例来说明这两种方式的实际操作过程。

首先,我们计算 SR905－SR909 的(交割式)套利成本,见表 1.6.1。

表 1.6.1　　　　　　　　SR905－SR909 套利成本计算

资金拆借利率	4.86%
保证金资金成本(10%)	1.42 元/吨·月
接仓单占用资金成本(4 个月)	56.7 元/吨
仓储费(4 个月)	48 元/吨
手续费、交易费、交割费用	3.6 元/吨
白糖 8、9、10 月贴水(10 元/月·吨)	20 元/吨
增值税	25 元/吨
套利成本	158 元/吨
SR905 与 SR909 价差	155 元/吨

注 1:利率按照 2008 年 12 月 23 日人民银行 6 个月贷款利率 4.86% 计算。
注 2:白糖价格按 3 500 元/吨计算。

从表1.6.1可以看出,正常情形下,SR905和SR909之间的价差将会围绕158点左右波动,如果偏离过远,则有回归的可能。

第二,分析两个合约的交易量:从2008年10月中旬开始,SR905和SR909合约的日交易量、持仓量均超过了2万手/天,买卖合约所需的流动性基本能满足。套利时机成熟。

第三,跟踪SR905和SR909价差(参见图1.6.1):

2008年10月23日,SR905与SR909之间的价差为200点(SR905－SR909＝－200),偏离158点较远,预期价差有所回归,套利机会出现。因此可以考虑买入近月合约SR905,同时卖出远月合约SR909,到11月23日价差回归到157点,卖出SR905、买入SR909,平仓了结,资金利润为1.1%;如果价差不回归,则转成交割式套利,最终净盈利2.5%。

2008年12月11日,SR905与SR909之间的价差突然缩小到74个点,预期价差回归到158点左右的可能性很大,这时候可以做反向套利。可以卖出近月合约SR905,同时买入远月合约SR909。2009年1月14日,价差回归到172点,平仓了结,资金利润为2.7%。

对于反向套利,如果价差一直不回归,则需要止损,可见,反向套利是存在一定风险的。因此,反向套利要在价差偏离比较大之后才操作。

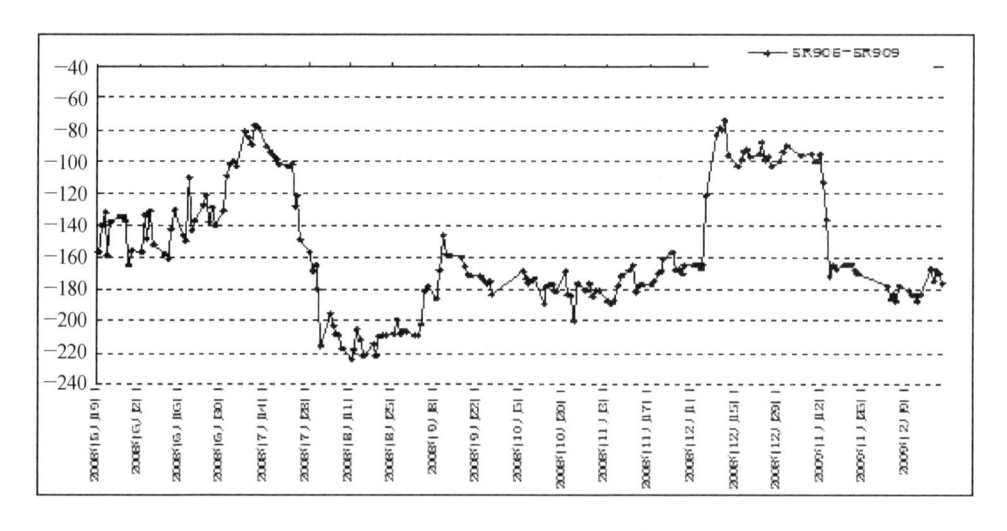

图1.6.1 SR905－SR909价差走势

1.6.4 跨期套利注意事项

跨期套利属于风险较低、收益稳定的投资。但是低风险不等于无风险。套利交易可能存在反向套利价差的不回归风险、正向套利的交割风险、流动性风险等。

反向套利价差不回归风险是最常见也最容易导致套利交易亏损的风险。在反向套利中,价差不回归风险尤其大,尤其是在商品价格熊市中,市场对商品价格预期可能越来越悲观,从而导致远月价格进一步低估,导致价差不能回归。

正向套利价差不回归导致交割风险。在正向套利中,如果价差继续扩大,投资者需要通过交割来完成套利操作时,就存在交割风险。虽然最初操作正向套利时,价差已经基本覆盖了交割操作所需的费用,但是,其中有一项事先基本上是不能完全确定的项目——增值税:在近月完成交割后,如果远月继续大幅上涨,则增值税的支出将持续增加,很快就会把本来并不太多的预期利润蚕食掉,甚至还可能会出现亏损。

做套利操作计划时还需要对所操作的合约的流动性进行分析,如果成交量太小,将会造成大的价格冲击,使得成交后的价差不是预先计划的数量,从而导致套利交易失败。

在这些风险中,交割风险和流动性风险较容易估计,而且一般造成的损失也有限。反向套利的风险则难以预先估计,而且一旦反向套利的价差不回归,往往可能会给投资者带来很大的损失,因此,在反向套利交易中,投资者一定要做好止损。只是在心理上,这个止损往往较难设定:本来该套利操作就是基于"价差不合理"的思路做的,如果价差继续向不利于投资者的方向发展,投资者会因为觉得价差不合理而拒绝止损。一般情况下,在套利操作止损时可按照下面方式设定:

小资金做法:预先设定一个绝对点位,价差一旦达到该点位,就双向对冲平仓止损。

大资金做法:可使用 Var 模型设定资金管理计划和止损。

1.7 ETF 股指期现套利

1.7.1 基本原理

股指期货就是未来的沪深 300 指数,所以在股指期货临近交割时期货指数与现货指数必然相等。如图 1.7.1 所示,在股指期货到期前,期货指数与现货指数的走势会出现偏差,而在这种偏差达到不正常时,套利机会出现。何为不正常?简单地说,期货指数与现货指数价格偏差超过套利成本时为不正常。这里所说的套利成本包括资金使用成本、交易费用、冲击成本以及一些机会成本。根据数理分析,期货指数减现货指数小于 25 点为正常,而当该价差达到 25 点以上时为不正常,此时期现套利机会出现。

在股指期货临近交割时,期现价差必然缩小为 0,扣除必要的套利成本,套利者可以获取稳定的无风险的利润。

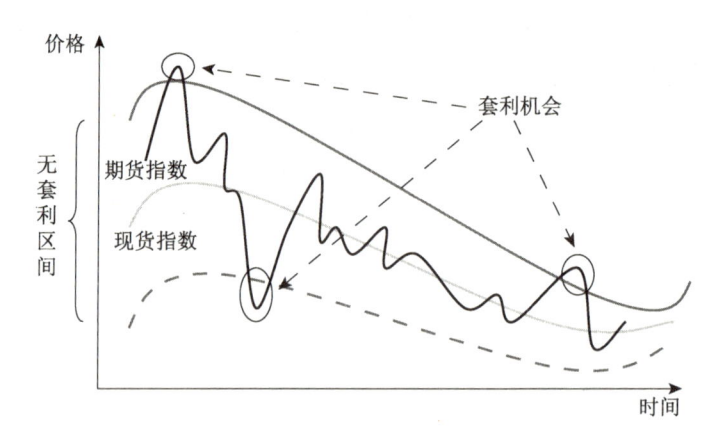

图 1.7.1 套利原理

1.7.2 套利思路

出现了期现套利机会,怎样把握机会呢?理论上,当期现价差达到 25 点以上时,卖空股指期货的同时买入等值的沪深 300 指数成分股,等到期现价差缩小为 0 时,双边平仓获利了结。但是,唯一的问题是一次买入 300 只股票的可操作性比较差,而且 300 只股票里经常会有停牌的股票。由此看来,现货头寸的构建必须另寻他法。

目前拟合沪深 300 指数现货的方法除了利用沪深 300 指数的成分股进行复制外,还有一个方法就是构建 ETF 基金组合。ETF 即交易型开放式指数基金,是一种在交易所上市交易的开放式证券投资基金产品,交易手续与股票完全相同。例如,上证 50ETF 就是主要投资范围为上证 50ETF 指数成分股的开放式指数基金。

1. ETF 的选取

利用上市时间、流动性、与沪深 300 指数的相关性三个指标对目前的 15 只 ETF 进行筛选后,适合构建现货组合的 ETF 为:50ETF、深 100ETF、180ETF。

2. 资金配置

以沪深 300 指数 3 200 点计算,做一单股指期货期现套利,买入 ETF 组合占用 96 万元资金、做空股指期货需要占用 17.28 万元资金,合计占用资金为 113.28 万元。

3. 选择开仓时机

如前述,期现价差达到 25 点以上,可开仓,具体为买入 ETF 组合,同时卖空股指期货。

4. 选择平仓时机

当期现价差大致缩小为 0 时双边平仓,结束套利交易。从历史数据看,每个合约都会有提前平仓的机会。

1.7.3 套利实例

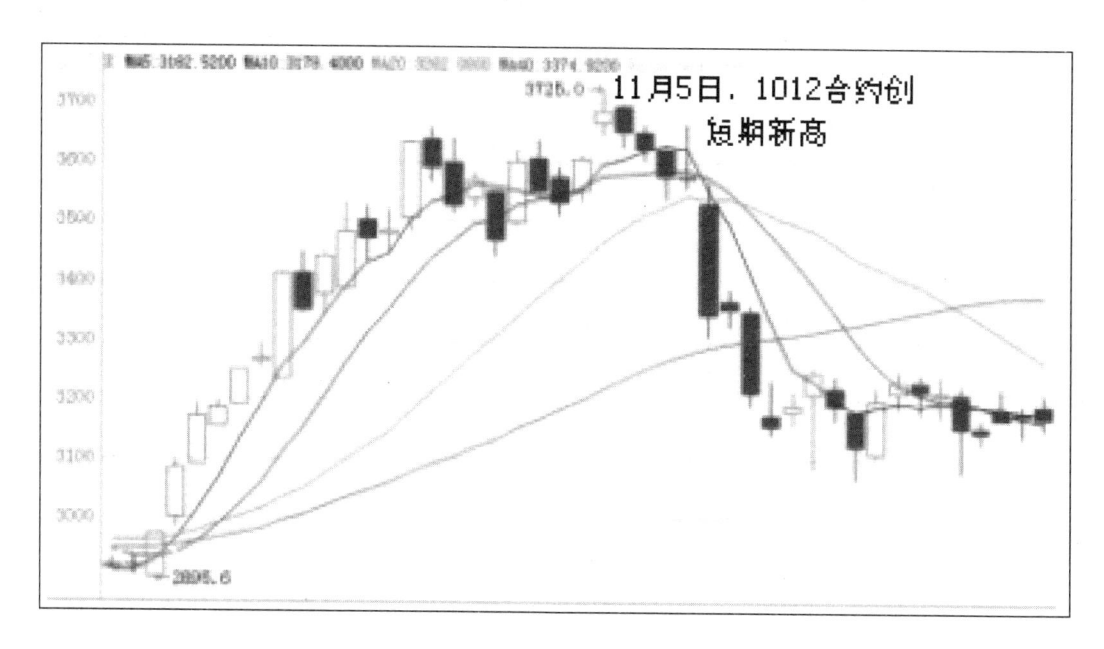

图 1.7.2　IF1012 蜡烛线图

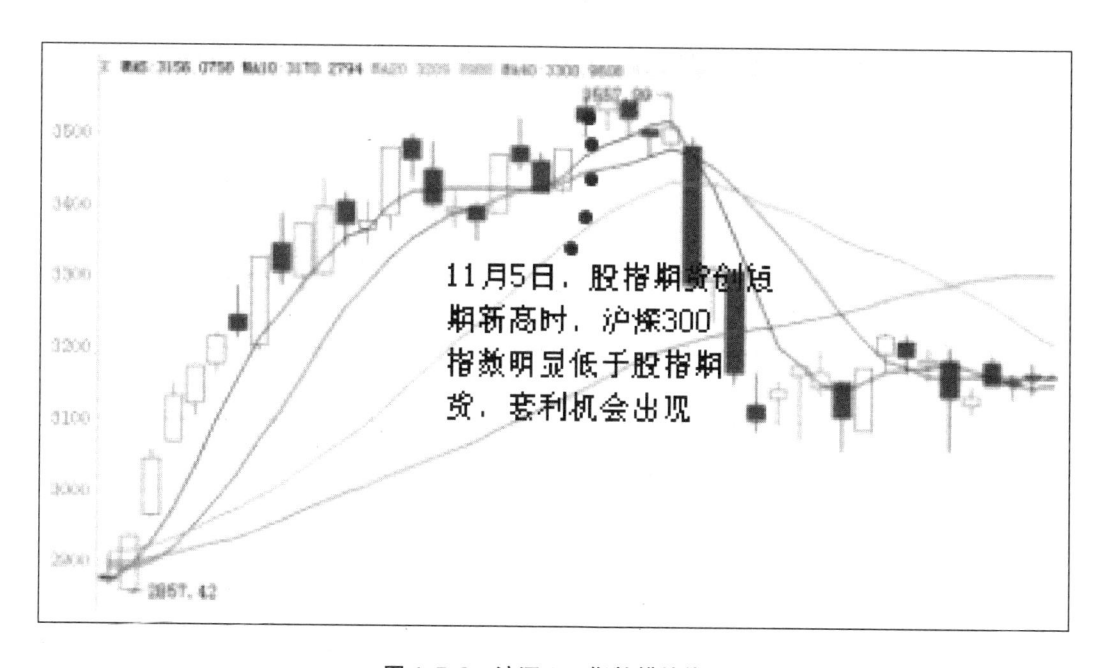

图 1.7.3　沪深 300 指数蜡烛线图

某股指期货期现套利客户,2010 年 8 月 13 日入金 110 万元,开始做股指期货期现套利,9 月 30 日转出全部资金,11 月 17 日入金 150 万元。截至 11 月 30 日,累计交易 43 个交易日,累计做套利 15 单,15 单均为正收益,累计净收益 42 334 元,粗略年化收益率为 24%。

请注意,这是通过风险极低的股指期货套利实现的。

表 1.7.1   2010 年 8 月 13 日开、平仓记录与盈亏分析

时间	买卖方向	标的	数量	价格	占用资金	结算价/收盘价
12:59:39	S开	IF1008	1	2 844.4元	15.36万元	2 850.6元
13:00:02	B开	180ETF	1 400 000	0.606元	84.84万元	0.610元

时间	买卖方向	标的	数量	价格
09:48:16	B平	IF1008	1	2 851.8元
09:46:30	S平	180ETF	1 400 000	0.609元

	180ETF	IF1008
8月13日	0.606买开 1 400 000 份	2 844.4 卖开 1 手
8月16日	0.609卖平 1 400 000 份	2 851.8 买平 1 手
盈亏	0.003×1 400 000=4 200(元)	(−7.4)×300=−2 220(元)
手续费	245.52+255.825=510.3(元)	85.332+85.554=170.886(元)
合计	3 689.7(元)	−2 390.886(元)

合计占用资金:15.36+84.84=100.2(万元)

合计盈利:3 689.7−2 390.886=1 298.8(元)

表 1.7.2   8 月 18 日开仓记录、平仓记录与盈亏分析

时间	买卖方向	标的	数量	价格	占用资金	结算价/收盘价
10:42:28	S开	IF1008	1	2 950元	15.93万元	2 966.5元
10:42:39	B开	50ETF	218 700	2.016元	440 899.2元	2.026元
10:42:41	B开	100ETF	1 000	3.637元	3 637元	3.660元
10:42:41	B开	100ETF	48 600	3.638元	176 806.8元	3.660元
10:42:41	B开	100ETF	71 700	3.639元	260 916.3元	3.660元

时间	买卖方向	标的	数量	价格
10:29:02	B平	IF1008	1	2 945元
10:29:58	S平	100ETF	121 300	3.63元
10:29:58	S平	50ETF	218 700	2.026元

	50ETF	100ETF	IF1008
8月18日	2.016 买开 218 700 份	3.638 6 买开 121 300 份	2 950 卖开 1 手
8月20日	2.026 卖平 218 700 份	3.630 卖平 121 300 份	2 945 买平 1 手
盈亏	0.01×218 700＝2 187(元)	－1 043.18 元	5×300＝1 500(元)
手续费	265.2 元	264.5 元	176.85 元
合计	1 921.8 元	－1 307.68 元	1 323.15 元

合计占用资金：15.93＋88.23＝104.16(万元)

合计盈利：1 921.8－1 307.68＋1 323.15＝1 937.27(元)

表 1.7.3　　　9月10日、9月13日开仓记录、平仓记录与盈亏分析

时间	买卖方向	标的	数量	价格	占用资金	结算价/收盘价
10:19:30	S开	IF1009	1	2 945.8 元	15.91 万元	2 943.4 元
10:19:31	B开	50ETF	125 000	1.95 元	24.38 万元	1.947 元
10:19:31	B开	100ETF	113 000	3.728 元	42.13 万元	3.76 元
10:19:34	B开	180ETF	343 000	0.616 元	21.13 万元	0.615 元

时间	买卖方向	标的	数量	价格
14:36:36	B平	IF1009	1	2 962.2 元
14:43:46	S平	180ETF	343 000 份	0.619 元
14:43:23	S平	100ETF	117 000 份	3.796 元
14:45:46	S平	50ETF	125 000 份	1.951 元

	50ETF	100ETF	180ETF	IF1009
9月10日	1.950 买开 125 000 份	3.728 买开 113 000 份	0.616 买 343 000 份	2 945.8 卖开 1 手
9月13日	1.951 卖平 125 000 份	3.796 卖平 113 000 份	0.619 卖 343 000 份	2 962.2 买平 1 手
盈亏	125 元	7 684 元	1 029 元	－4 920 元
手续费	146.29 元	255.06 元	127.08 元	177.24 元
合计	－21.29 元	7 428.94 元	901.92 元	－5 097.24 元

合计占用资金：15.91＋24.38＋42.13＋21.13＝103.55(万元)

合计盈利：7 428.94－21.29＋901.92－5 097.24＝3 212.33(元)

表 1.7.4　　　　　　9月15日、9月27日开仓记录、平仓记录及盈亏分析

时间	买卖方向	标的	数量	价格	占用资金	结算价/收盘价
9:42:05	S开	IF1010	1	2 974.4元	16.06万元	2 875元
9:42:20	B开	50ETF	125 000	1.953元	24.41万元	1.897元
9:42:21	B开	100ETF	113 000	3.799元	42.93万元	3.647元
9:42:21	B开	180ETF	343 000	0.62元	21.27万元	0.599元

时间	买卖方向	标的	数量	价格
14:48:09	B平	IF1010	1	2 909元
14:41:30	S平	100ETF	113 000	3.743元
14:37:19	S平	50ETF	125 000	1.911元
14:56:33	S平	180ETF	343 000	0.606元

	50ETF	100ETF	180ETF	IF1009
9月15日	1.953 买开 125 000 份	3.799 买开 113 000 份	0.620 买 343 000 份	2 974.4 卖开 1 手
9月27日	1.911 卖平 125 000 份	3.734 卖平 113 000 份	0.606 卖 343 000 份	2 909 买平 1 手
盈亏	−5 250元	−7 345元	−4 802元	19 620元
手续费	144.90元	255.37元	126.16元	176.50元
合计	−5 394.9元	−7 600.37元	−4 928.16元	19 443.5元

合计占用资金:16.06+24.41+42.93+21.27=104.67(万元)

合计盈利:19 443.5−5 394.9−7 600.37−4 928.16=1 520.07(元)

表 1.7.5　　　　　　11月17日、11月22日开仓记录、平仓记录及盈亏记录

时间	买卖方向	标的	数量	价格	占用资金	结算价/收盘价
11:26:48	S开	IF1012	1	3 189元	17.22万元	3 164元
11:27:08	B开	50ETF	127 900	2.011元	25.72万元	2.001元
11:28:22	B开	100ETF	108 800	3.954元	43.02万元	3.895元
11:29:27	B开	180ETF	383 100	0.66元	25.28万元	0.654元

时间	买卖方向	标的	数量	价格
13:45:42	B平	IF1012	1	3 190.4 元
13:45:47	S平	100ETF	544 000	0.810 元
13:47:25	S平	50ETF	127 900	2.005 元
13:50:06	S平	180ETF	383 100	0.663 元

	50ETF	100ETF	180ETF	IF1009
11月17日	2.011 买开 127 900 份	3.954 买开 108 800 份	0.660 买开 383 100 份	3 189 卖开 1 手
11月22日	2.005 卖平 127 900 份	0.810 卖平 544 000 份	0.663 卖 383 100 份	3 190.4 买平 1 手
盈亏	−767.4 元	10 444.8 元	1 149.3 元	−420 元
手续费	154.09 元	261.25 元	152.05 元	191.38 元
合计	−921.49 元	10 183.55 元	997.25 元	−611.38 元

合计占用资金：17.22+25.72+43.02+25.28=111.24(万元)

合计盈利：10 183.55−921.49+977.25−611.38=9 627.93(元)

表 1.7.6　11月24日、11月25日开仓记录、平仓记录及盈亏记录

时间	买卖方向	标的	数量	价格	占用资金	结算价/收盘价
10:32:00	S开	IF1012	1	3 208 元	17.32 万元	3 191 元
10:31:43	B开	50ETF	131 500	2.01 元	26.43 万元	2.005 元
10:31:43	B开	100ETF	542 500	0.812 元	44.05 万元	0.824 元
10:31:43	B开	180ETF	373 800	0.662 元	24.75 万元	0.662 元

时间	买卖方向	标的	数量	价格
09:56:31	B平	IF1012	1	3 194.4 元
09:59:55	S平	100ETF	542 500	0.827 元
10:02:40	S平	50ETF	131 500	2.003 元
10:02:44	S平	180ETF	373 800	0.663 元

	50ETF	100ETF	180ETF	IF1009
11月24日	2.010 买开 131 500 份	0.812 买开 542 500 份	0.662 买 373 800 份	3 208 卖开 1 手
11月25日	2.003 卖平 131 500 份	0.827 卖平 542 500 份	0.663 卖 373 800 份	3 194.4 买平 1 手
盈亏	−920 元	8 137.5 元	373.8 元	4 080 元
手续费	158.31 元	266.75 元	148.59 元	192.07 元
合计	−1 078.31 元	7 870.75 元	225.21 元	3 887.93 元

合计占用资金：17.32＋26.42＋43.05＋24.75＝111.54(万元)

合计盈利：3 887.93－1 078.31＋7 870.75＋225.21＝10 905.58(元)

1.7.4 收益一览

初始资金为150万元，2010年4月16日至2011年1月27日共进行了45笔股指期货期限套利交易，胜率100%，累计收益率为17.18，年化收益率达到了22.39%。

表1.7.7　　　　　　　　　　收益一览表

周	每周盈利（单位：元）	累计盈利	交易次数	每周实际收益率	累计年化收益率	实际累计收益率
4.19—4.23	21 841.85	21 841.85	3.5	1.46%	75.93%	1.46%
4.28—4.30	14 417.27	36 259.12	2.5	0.96%	63.02%	2.42%
5.4—5.7	6 587.049	42 846.17	1.5	0.44%	49.65%	2.86%
5.10—5.14	25 515.19	68 361.36	2.5	1.70%	59.41%	4.56%
5.17—5.21	5 789.168	74 150.53	1	0.39%	51.55%	4.94%
5.24—5.28	8 958.439	83 108.97	3	0.60%	48.15%	5.54%
5.31—6.4	14 445.23	97 554.2	3	0.96%	48.45%	6.50%
6.7—6.11		97 554.2	0.5	0.00%	42.39%	6.50%
6.14—6.18	2 133.687	99 687.89	0.5	0.14%	38.50%	6.65%
6.21—6.25	6 254.625	105 942.5	1	0.42%	36.83%	7.06%
6.28—7.2	2 400.984	108 343.5	1.5	0.16%	34.24%	7.22%
7.5—7.9	8 420.038	116 763.5	0.5	0.56%	33.82%	7.78%
7.12—7.16		116 763.5	0	0.00%	31.22%	7.78%
7.19—7.23		116 763.5	0	0.00%	28.99%	7.78%
7.26—7.30		116 763.5	0	0.00%	27.06%	7.78%
8.2—8.6	8 249.854	125 013.4	2.5	0.55%	27.16%	8.33%

(续表)

周	每周盈利（单位:元）	累计盈利	交易次数	每周实际收益率	累计年化收益率	实际累计收益率
8.9—8.13	3 322.011	128 335.4	0.5	0.22%	26.24%	8.56%
8.16—8.20		128 335.4	0	0.00%	24.78%	8.56%
8.23—8.27	610.942 7	128 946.3	1	0.04%	23.59%	8.60%
8.30—9.3	5 119.084	134 065.4	1	0.34%	23.30%	8.94%
9.6—9.10	1 409.009	135 474.4	1.5	0.09%	22.43%	9.03%
9.13—9.17	2 775.1	138 249.5	1	0.19%	21.84%	9.22%
9.20—9.24		138 249.5	0.5	0.00%	20.89%	9.22%
9.27—9.30	1 521.968	139 771.5	0.5	0.10%	20.24%	9.21%
10.4—10.8		139 771.5	0.5	0.00%	19.43%	9.32%
10.11—10.15	6 122.835	145 894.3	0.5	0.41%	19.51%	9.73%
10.18—10.22	3 403.759	149 298.1	2.5	0.23%	19.22%	9.95%
10.25—10.29	15 093.03	164 391.1	1.5	1.01%	20.41%	10.96%
11.1—11.5	11 502.34	175 893.5	1.5	0.77%	21.08%	11.73%
11.15—11.19	22 949.14	198 842.6	2.5	1.53%	23.04%	13.26%
11.22—11.26	14 512.4	213 355	1.5	0.97%	23.92%	14.22%
11.29—12.3		213 355	0	0.00%	23.18%	14.22%
12.6—12.10	5 323.911	218 678.9	1.5	0.35%	23.04%	14.58%
12.13—12.17	5 718.928	224 397.8	2	0.38%	22.94%	14.96%
12.20—12.24	10 751.69	235 149.5	2	0.72%	23.35%	15.68%
12.27—12.31	5 465.8	240 615.3	1.5	0.36%	23.23%	16.04%
1.4—1.7		240 615.3		0.00%	22.61%	16.04%
1.10—1.14		240 615.3		0.00%	22.01%	16.04%
1.17—1.21	3 775	244 390.3	1	0.25%	21.78%	16.29%
1.24—1.27	13 278.35	257 668.7	1	0.89%	22.39%	17.18%

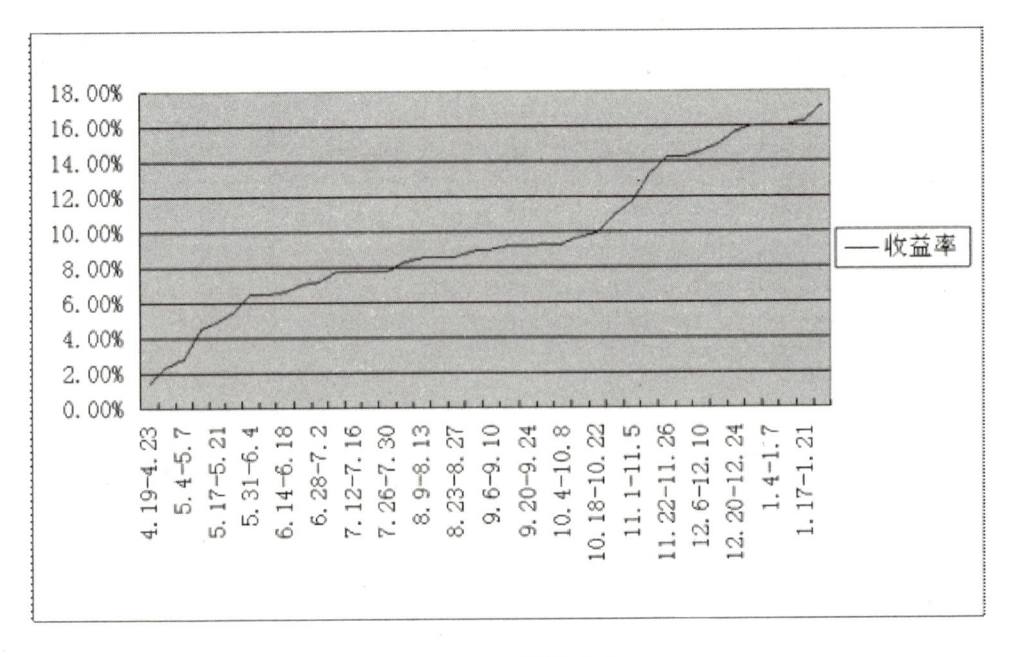

图 1.7.4　累计收益率

2 Wind 资讯金融终端

2.1 系统介绍

Wind 资讯金融终端提供最全面的全球金融市场数据与信息。Wind 资讯金融终端覆盖股票、债券、商品、外汇、基金、指数、权证、资管、量化、新闻和宏观等多项品种,7×24×365 不间断地为金融机构、政府组织、企业、媒体提供准确、及时、完整的金融数据资讯。

通过对 Wind 资讯金融终端的学习和训练,可以指导学生如何获取、筛选和处理数据,同时能够锻炼学生的建模和分析的能力。

Wind 资讯金融终端运行在 Windows 平台之上,因此系统各功能的设计和画面也极大地尊重 Windows 系统的风格和操作习惯,如键盘向导、鼠标右键菜单、鼠标双击以及数据图形输出等设计模式使系统实现操作的标准化和便捷化,使用户操作起来方便自如。

同时,Wind 资讯金融终端也是一个开放的具有可拓展性的系统。能够针对证券市场高级用户的实际需求设计个性化的高级功能是本系统的重要特征,如实时的市场综合监控、投资组合与风险分析、市场数据的专项统计、行业发展前沿动态、宏观经济数据分析等,此外还可利用 Excel、VBA、Matlab、Python、R、C++和 C♯等其他数据分析语言插件导出数据,该类高级功能也可以针对用户的特殊需求,来为其专门设计与定制。

2.1.1 系统主菜单

打开系统,进入 Wind 资讯金融终端首页。这里可以查询股票、债券、商品、外汇、基金、指数、新闻、宏观、资管、量化和市场等各个大类模块。终端默认进入股票模块,在股票模块下分为新闻资讯、行情报价、多维数据、专题统计及专项应用等部分。

投资学教学实验教程

图 2.1.1　主菜单

2.1.2　股票新闻资讯

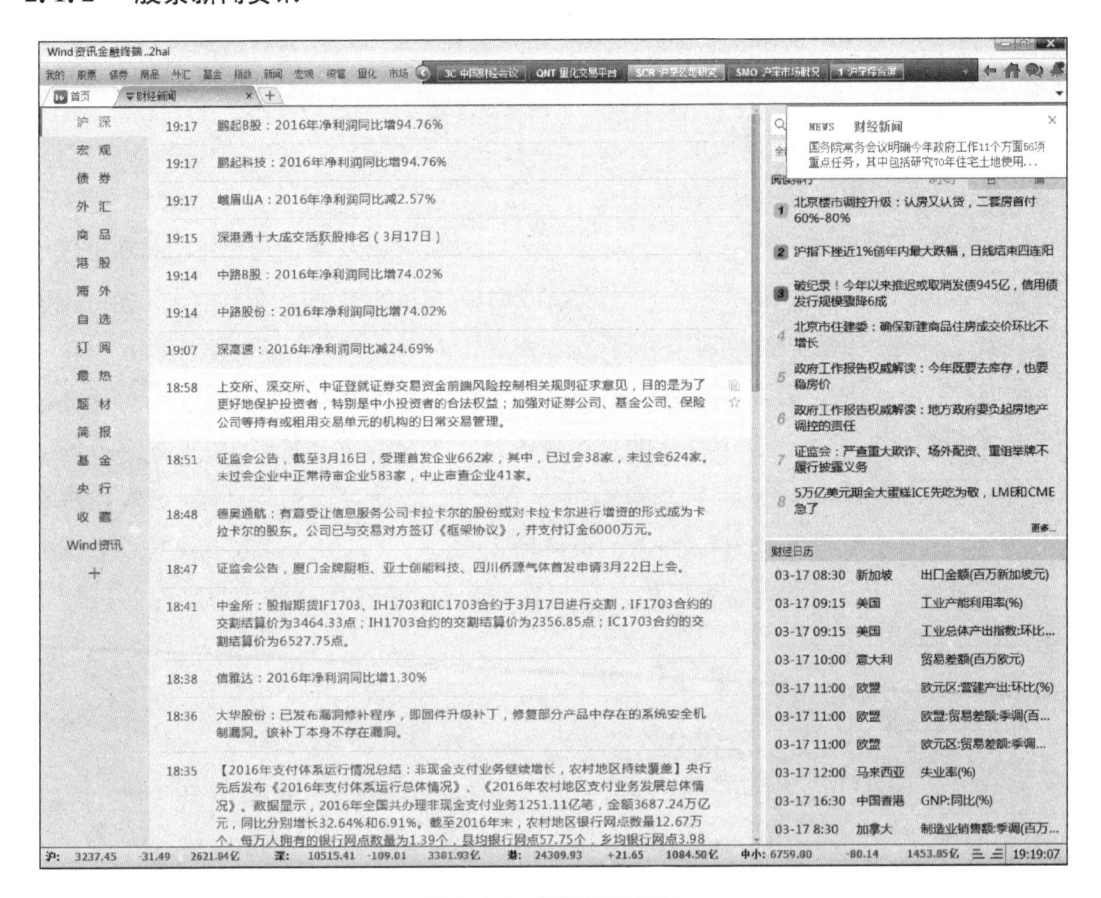

图 2.1.2　新闻资讯主页

点击新闻资讯目录下的财经新闻,可以看到实时推送的新闻资讯。

图 2.1.3　新闻实时推送

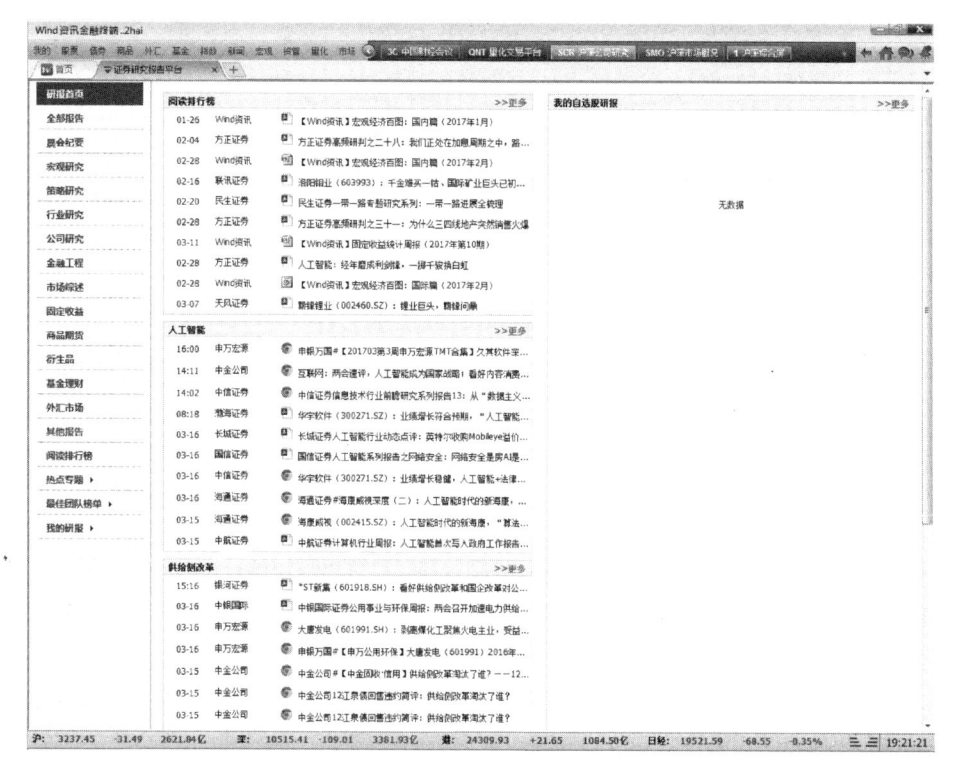

图 2.1.4　公司公告

点击新闻资讯目录下的公司公告,可以看到实时推送的公告内容。而新闻资讯目录下的研究报告可以提供各类券商机构所提供的公司相关的研报信息,便于进行相关研究与使用。

2.1.3 股票行情屏幕

新闻资讯			
财经新闻	NEWS	公司公告	NA
研究报告	RPP	法律法规	LAW
新股中心	IPO	股市日历	STC

行情报价			
综合屏 | 板块报价 | 综合排名 | 交易机会			
全球市场概览	0	自选股监控	06
沪深股票综合屏	1	新三板综合屏	XSB
香港股票综合屏	2	沪深港通监控	SHSC
美国股票综合屏	7	股指期货综合屏	6
自定义综合屏	WW	Wind灵活屏	WP

多维数据			
深度资料	F9	行业中心	WI
数据浏览器	EDE	板块数据浏览器	SE
财务纵比	FA	板块财务纵比	
行情序列	HPS	板块行情序列	SES
条件选股	EQS	公司行动事件汇总	CAC

专题统计			
沪深股市 | 新三板 | 区域股权 | 香港股市 | 台湾市场			
市场概况	SMO	机构研究	SIR
一级市场	ECM	二级市场	SSM
公司财务	SCF	公司研究	SCR
盈利预测	SEST	并购重组	SMA
融资融券	MMO	股票质押	EPT
券商行业透视	SECI		

专项应用			
资产交易 | IR管理 | 估值计算			
中国并购库	MA	中国PEVC库	PEVC
中国企业库	CEL	企业排行榜	ERDB
投行业务排行榜	IBR	人物库	PEOP

点击查看沪深股票综合屏

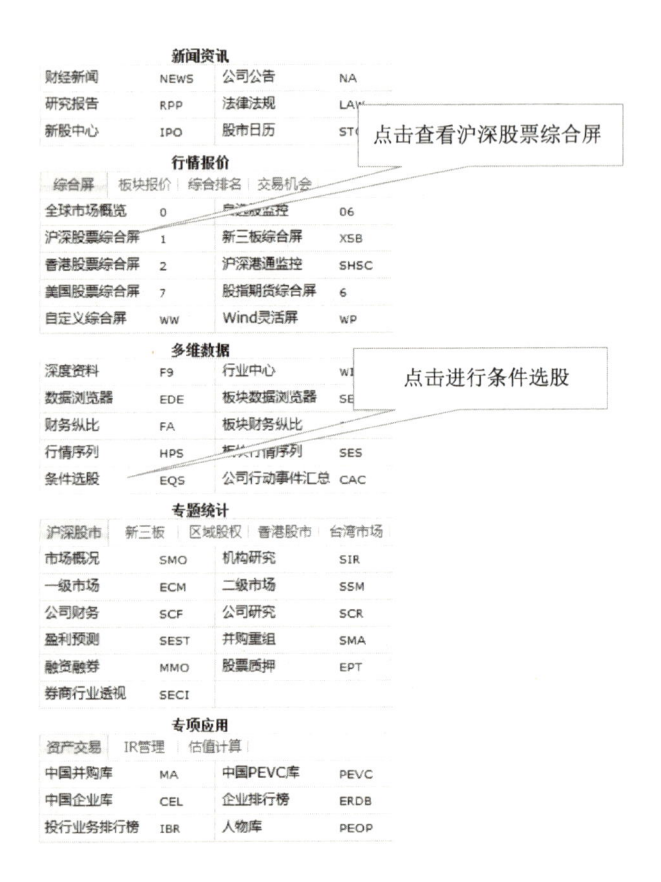

点击进行条件选股

图 2.1.5 应用导航栏

在行情报价栏目之下,点击查看沪深股票综合屏,或者直接输入其后的快捷键(例如输入1,加回车键 Enter),即可使用快捷输入栏进入沪深股票综合屏,查看行情报价。

通过沪深股票综合屏可以查看指数行情、板块行情和个股行情。点击沪深股票全景图,可以更好地监控市场行情变化。

通过沪深股票全景图可以实时监控市场上涨幅和涨速靠前的股票、添加自选股、对比大盘指数和股指期货行情,系统、全面、综合地了解市场运行情况,准确把握行情的状态。

利用选项卡栏目,可以返回首页,查询其他信息。

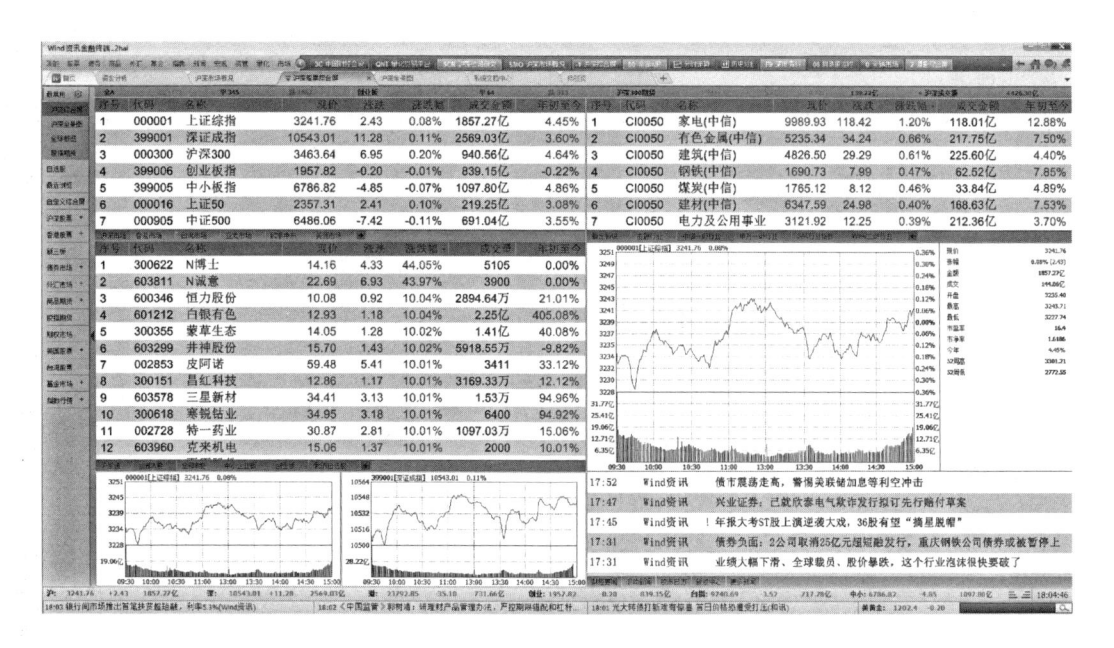

图 2.1.6 沪深股票综合屏

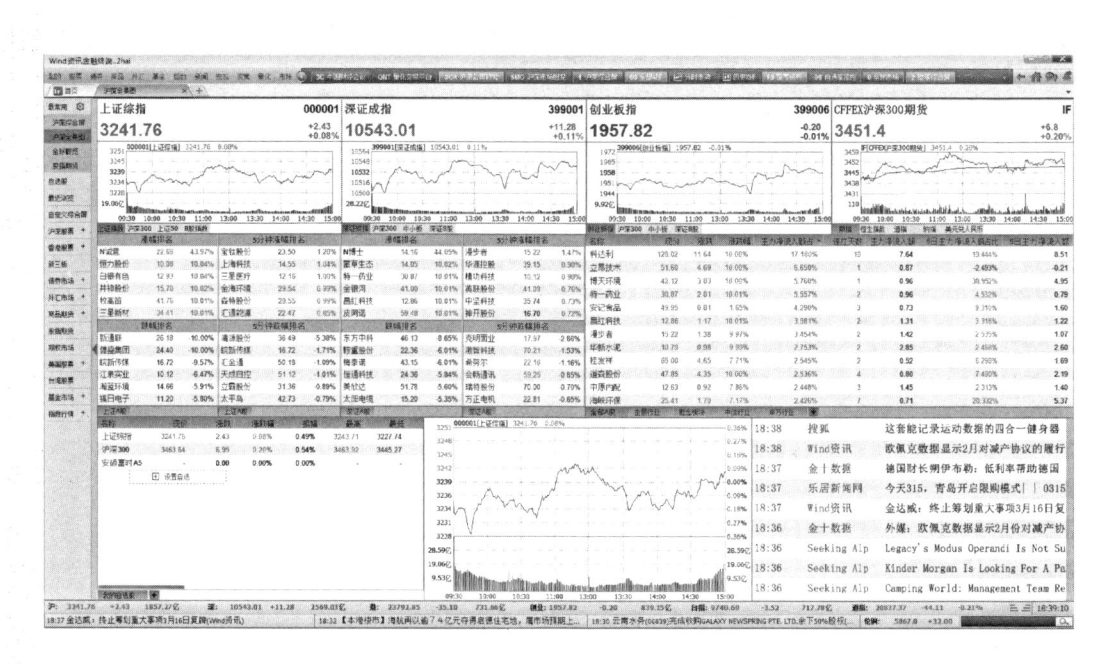

图 2.1.7 沪深股票全景图

2.1.4 查询多维数据

在首页状态下,点击"多维数据"下的"深度资料",可以查看公司的详细分析资料。同时,在首页状态下,点击"多维数据"下的"数据浏览器",可以导出公司的基本面和技术面信息。

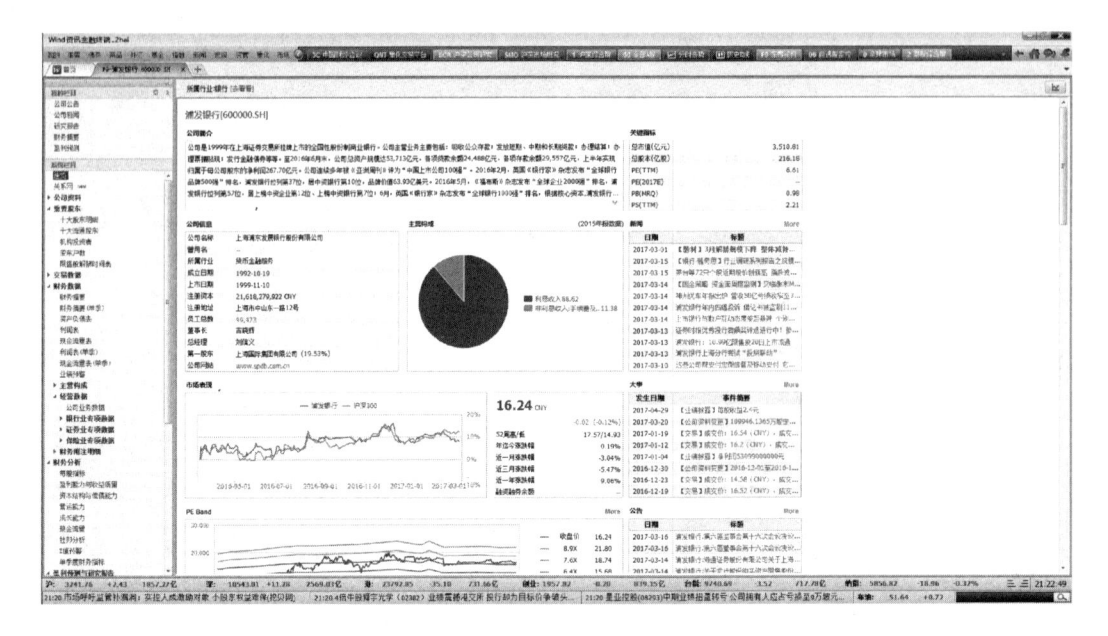

图 2.1.8　查询多维数据

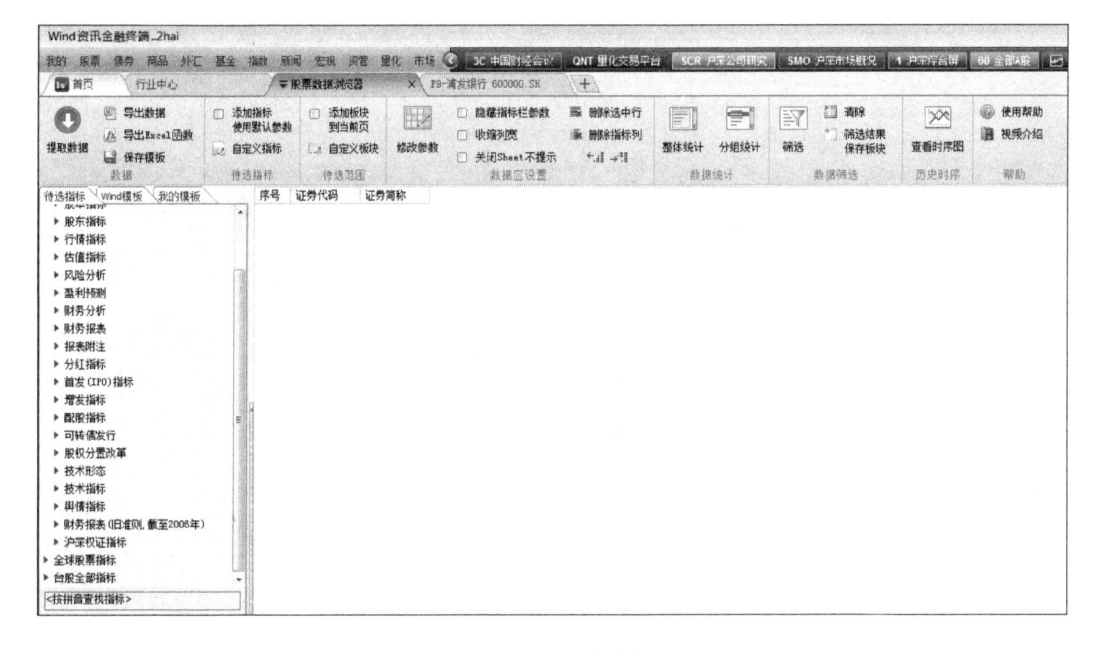

图 2.1.9　深度资料

在首页状态下,点击"多维数据"下的"行业中心",可以系统地了解各个行业的发展情况、行业特点和行业上下游资料,可以帮助用户系统地从基本面分析上市公司。同时在首页状态下,点击"多维数据"下的"行情序列",可以导出历史行情数据。

图 2.1.10 行业信息中心图

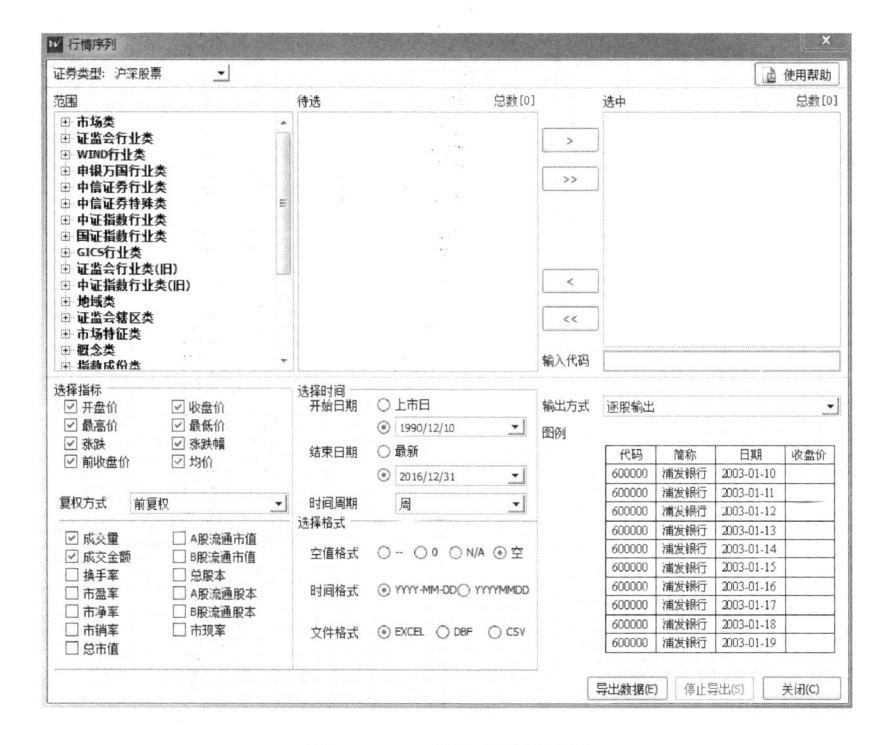

图 2.1.11 行情序列导出图

2.1.5 查询基金数据

图 2.1.12 导航栏基金

选择基金菜单,可以查看基金规模、行情和持仓等信息。

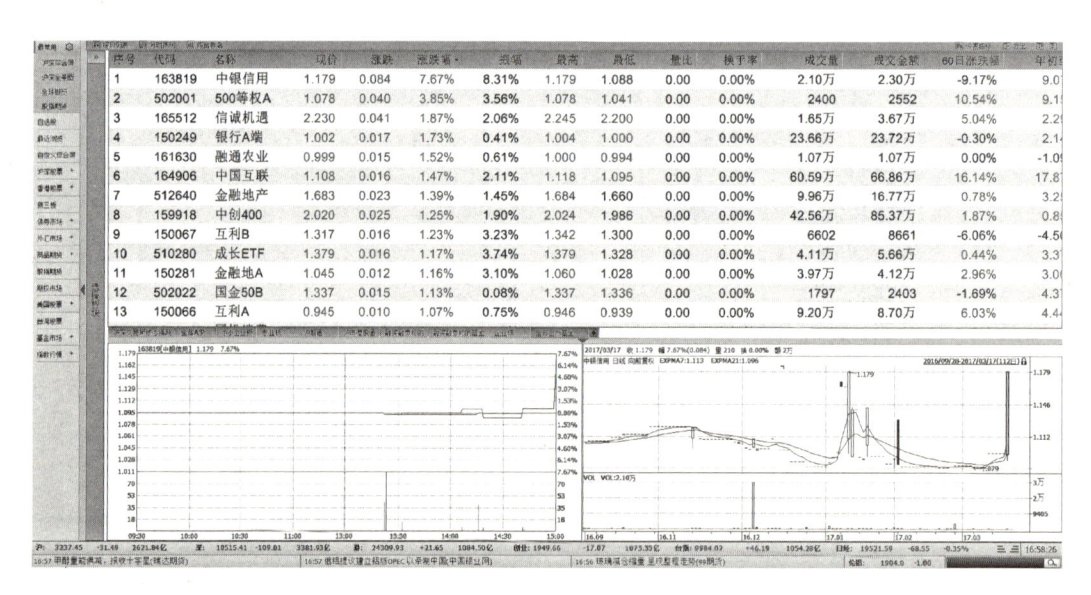

图 2.1.13 基金信息

点击业绩排行目录下的全部上市基金,可以查看全部基金的行情报价。同时,点击专题统计目录下的市场概况,可以查阅基金市场总体状况。

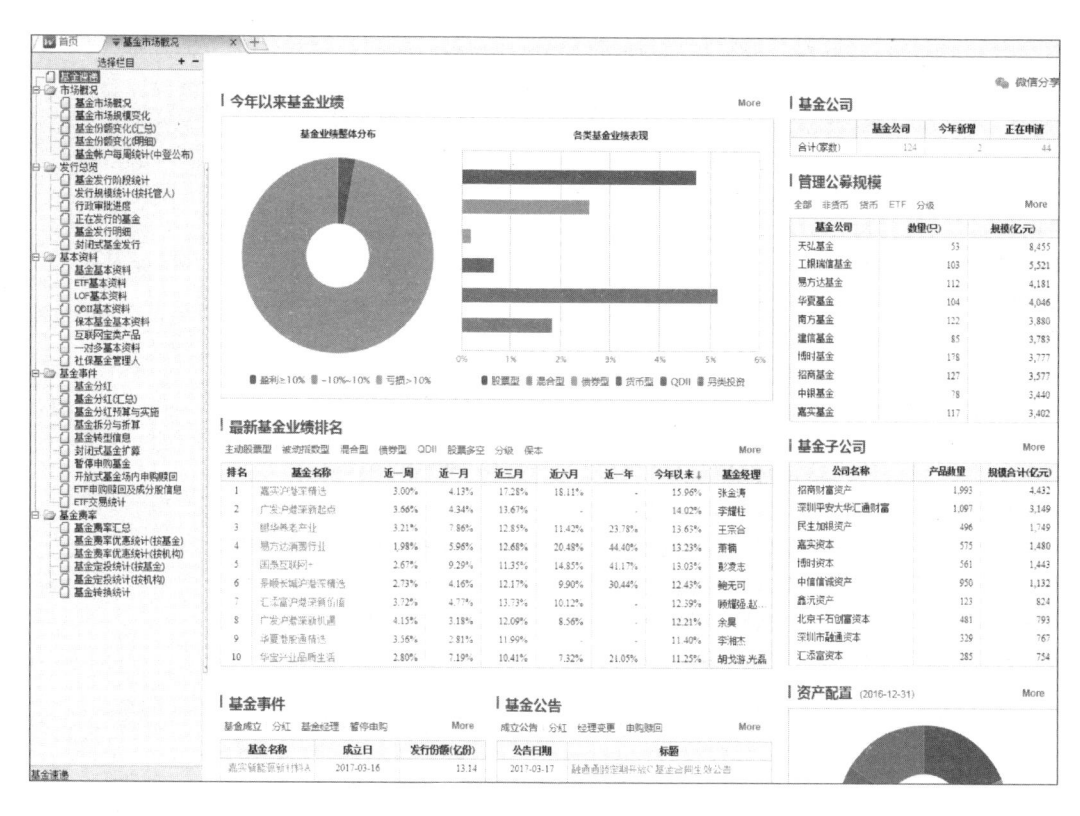

图 2.1.14 基金市场

图 2.1.15 基金基本资料

点击"市场概况"、"发行总览"、"基本资料"、"基金事件"和"基金费率",可以进一步查看基金市场情况。

2.1.6 宏观经济

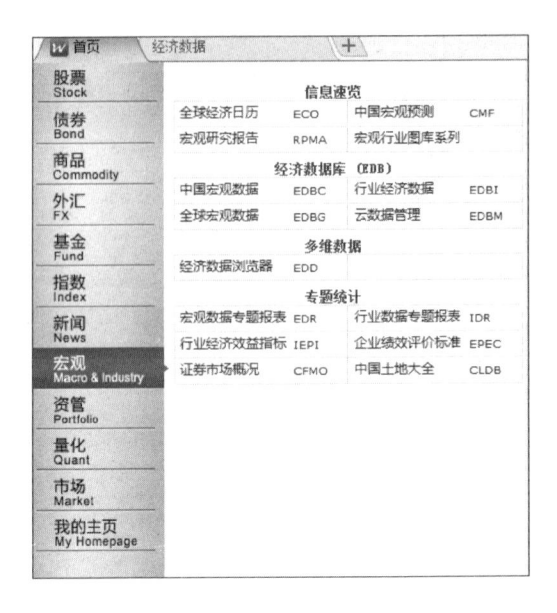

图 2.1.16 宏观经济导航位置

选择宏观菜单,可以查看中国宏观经济、全球宏观经济、行业数据等信息。

图 2.1.17 宏观信息

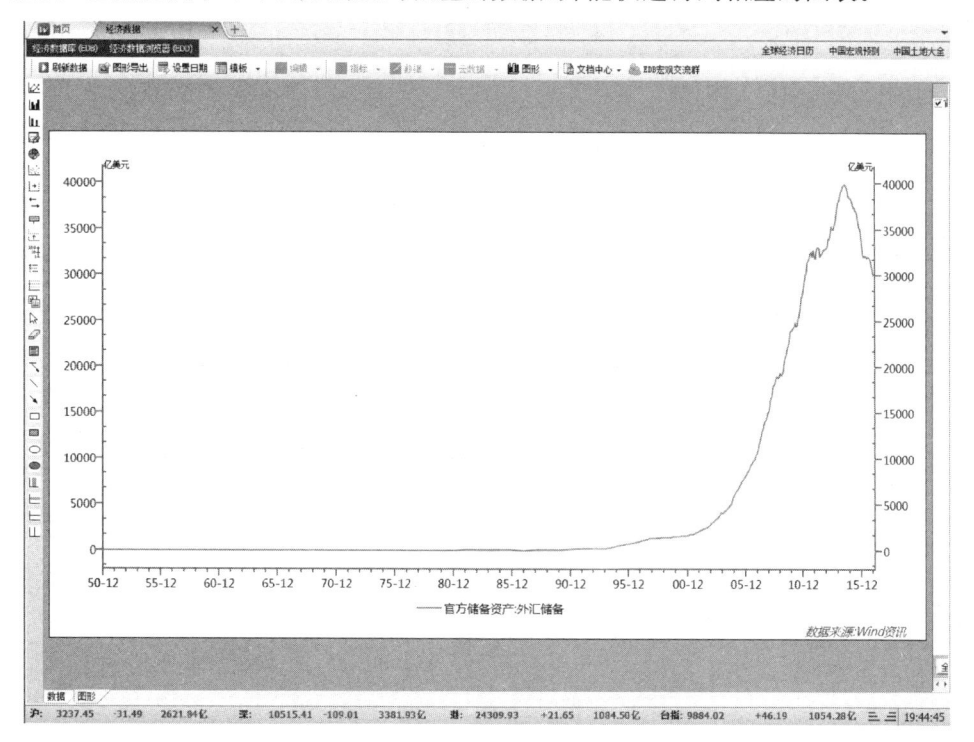

点击"经济数据库",可以分别查询相应的数据,并能快速得到相应的图表。

图 2.1.18　宏观图表

2.1.7　其他功能

图 2.1.19　其他功能

本书主要涉及股票以及偏股型基金的内容,除此以外,还有更多关于债券、商品、外汇的数据,本书不再赘述。

2.2 选股实验

2.2.1 实验简述

选股功能能够帮助用户利用基本面和技术面的全部市场公开信息,轻松实现全市场股票快捷搜索。用户只需指定选股逻辑,Wind资讯金融终端将自动完成搜索过程,大大提高选股效率。

本实验旨在引导同学们独立探索选股模式和盈利模式,培养同学们构建交易逻辑和市场策略意识,鼓励同学们自主摸索简单的选股策略,激发同学们进一步研究资产配置的兴趣和热情,努力营造同学之间相互学习的良好氛围。

对基金更有兴趣的同学也可以用选基金实验代替选股实验。

2.2.2 选股流程

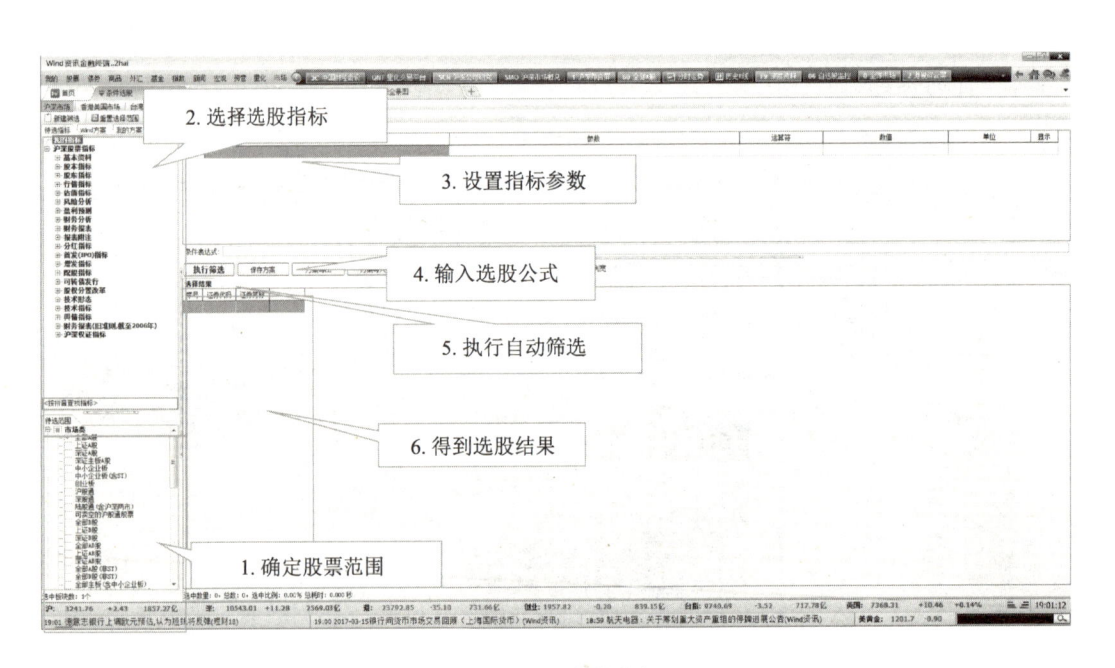

图 2.2.1 选股流程

在首页状态下,点击"多维数据"下的"条件选股",即可进入条件选股功能页面。用户可以使用条件选股功能页面自定义选股范围和选股指标,结合一定的选股公式,通过 Wind

资讯金融终端进行大量股票的筛选,最终找到自己合意的股票。

(1) 确定股票范围。系统默认全部 A 股股票都在待选股票范围之内,用户可以根据自身需求设定相应的选股范围,特别是可以利用行业分类确定股票所在行业范围。

(2) 选择选股指标。可选的选股指标涵盖基本面和技术面的大量信息加上分析师预测等,支持拼音查找指标的功能;还可通过鼠标右键点击指标树,查看相应指标的详细帮助信息。

(3) 设置指标参数。可在"参数"框选择需要的指标参数,然后在"运算符"、"数值"、"单位"等栏目内填充,设置参数的约束条件。

(4) 输入选股公式。用户可以根据已选指标的序号输入逻辑表达。选股指标用"♯序号"代表,"and"表示"与"运算,"or"表示"或"运算,选中股票的逻辑表达式的结果为真。

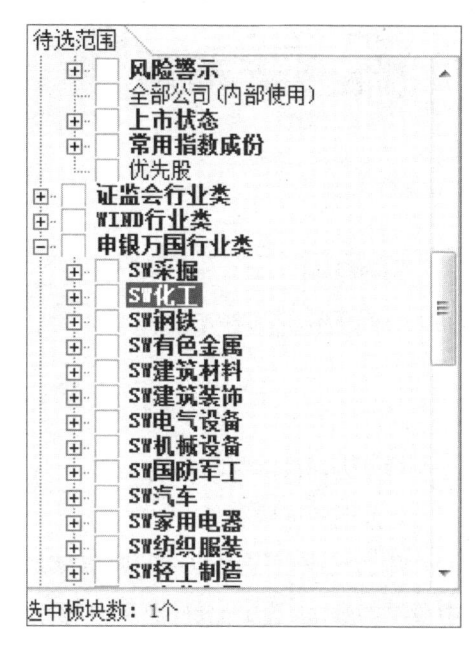

图 2.2.2　行业分类

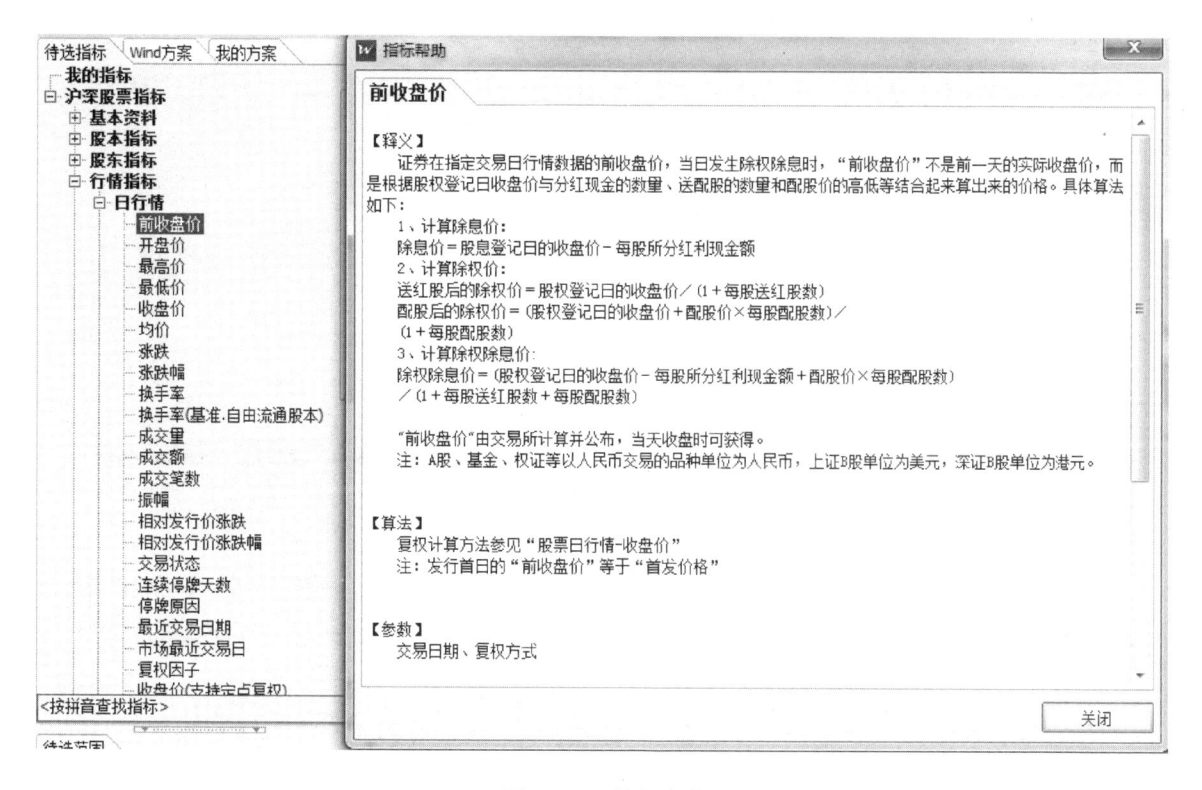

图 2.2.3　指标分类

图 2.2.4　指标设置

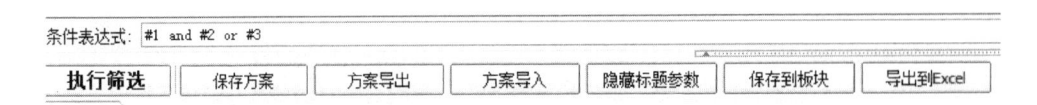

图 2.2.5　指标方案保存

(5) 执行自动筛选。

(6) 得到选股结果。

筛选完成后得到筛选的股票结果和相应的指标数据,查看下方的状态栏,可以检视选中股票的数量、选中比例、总耗时等相关信息。

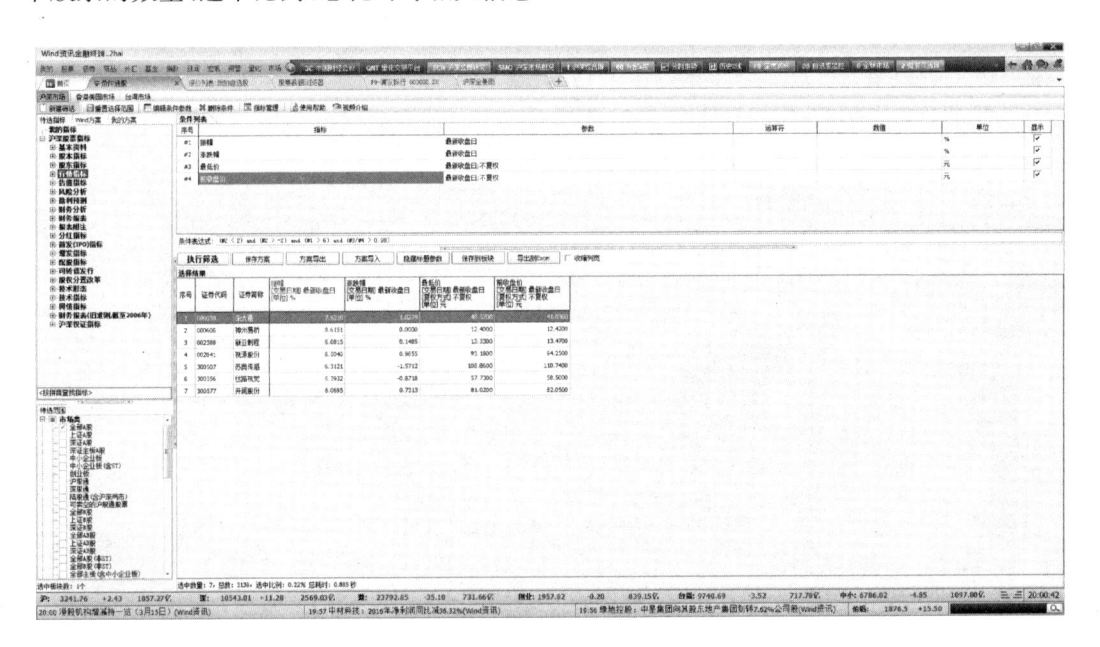

图 2.2.6　选股示意

如图 2.2.6 所示,选取振幅、涨跌幅、最低价及前收盘价等数据,根据序号输入相应的逻辑表达式,例如"(♯2<2) and (♯2>−2) and (♯1>6) and (♯3/♯4>0.98)",执行可得 7 只股票,选中比例为 0.22%。

之后用户可以将选中的股票导出到 Excel 或者查看相应股票的行情,也可以保存到"我的方案",以后便可以简单调用。

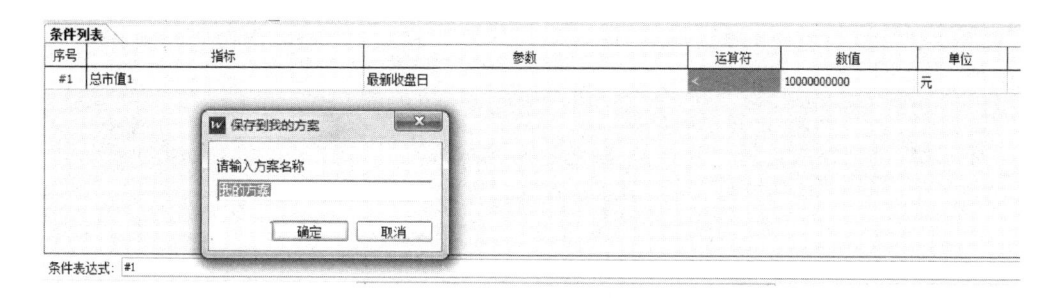

图 2.2.7　选股方案

2.3　基金分析实验

利用 Wind 资讯金融终端可以方便地统计与分析公募基金的信息，故设计此实验，以期让同学们对基金业业态有基本的了解。

本实验统计股票持仓比例最多的基金公司、跨期比较持仓结构和行业投资分布变化情况。

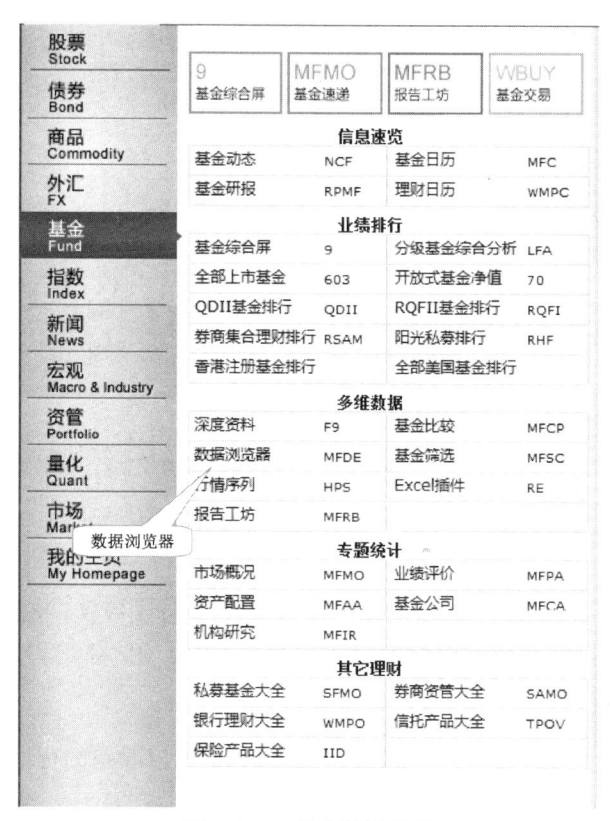

图 2.3.1　基金数据导航

可以选择基金目录下的数据浏览器功能来提取数据，也可以使用后续实验 Excel 插件来提取数据。

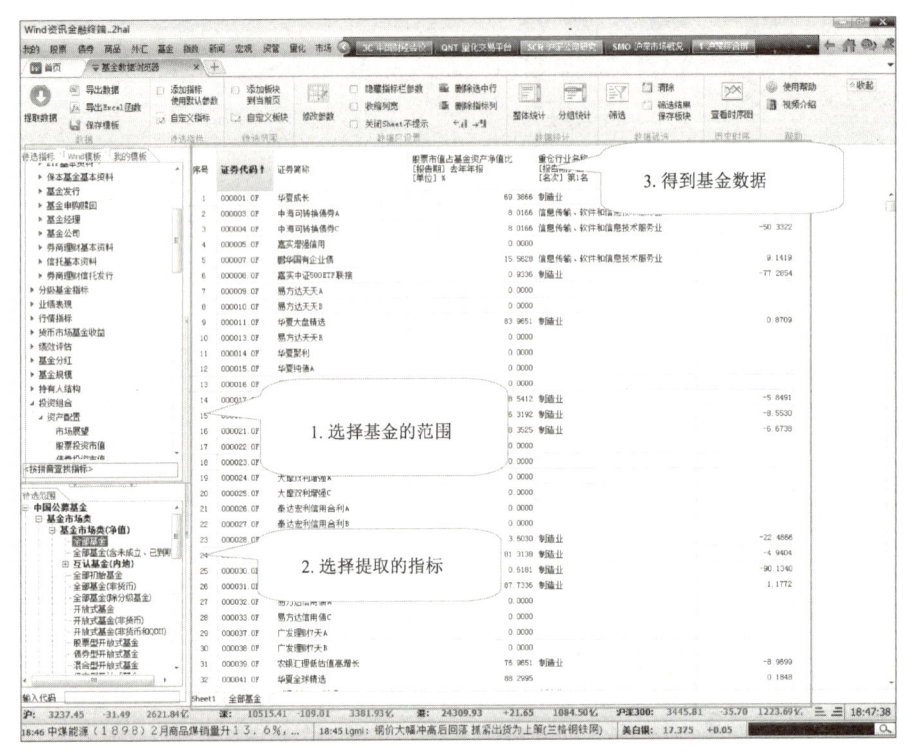

图 2.3.2　基金数据提取流程

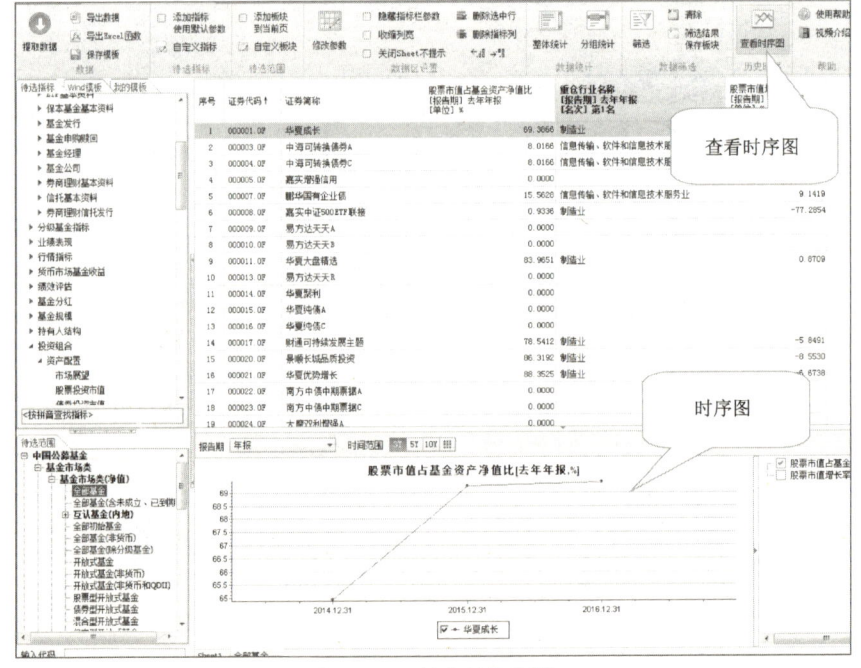

图 2.3.3　基金数据浏览

提取基金数据有三个主要步骤:(1)选择基金的范围;(2)选择提取的指标;(3)得到基金数据。

点击右上方的"查看时序图"按钮,即可在屏幕下方显示所需的时序图。

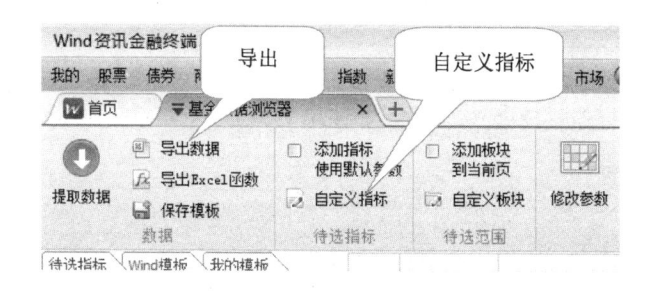

图 2.3.4　基金指标管理

选择导出数据或导出 Excel 函数,可以将数据输入 Excel 进行分析。

利用现有指标设置表达式,也可以定义新指标。

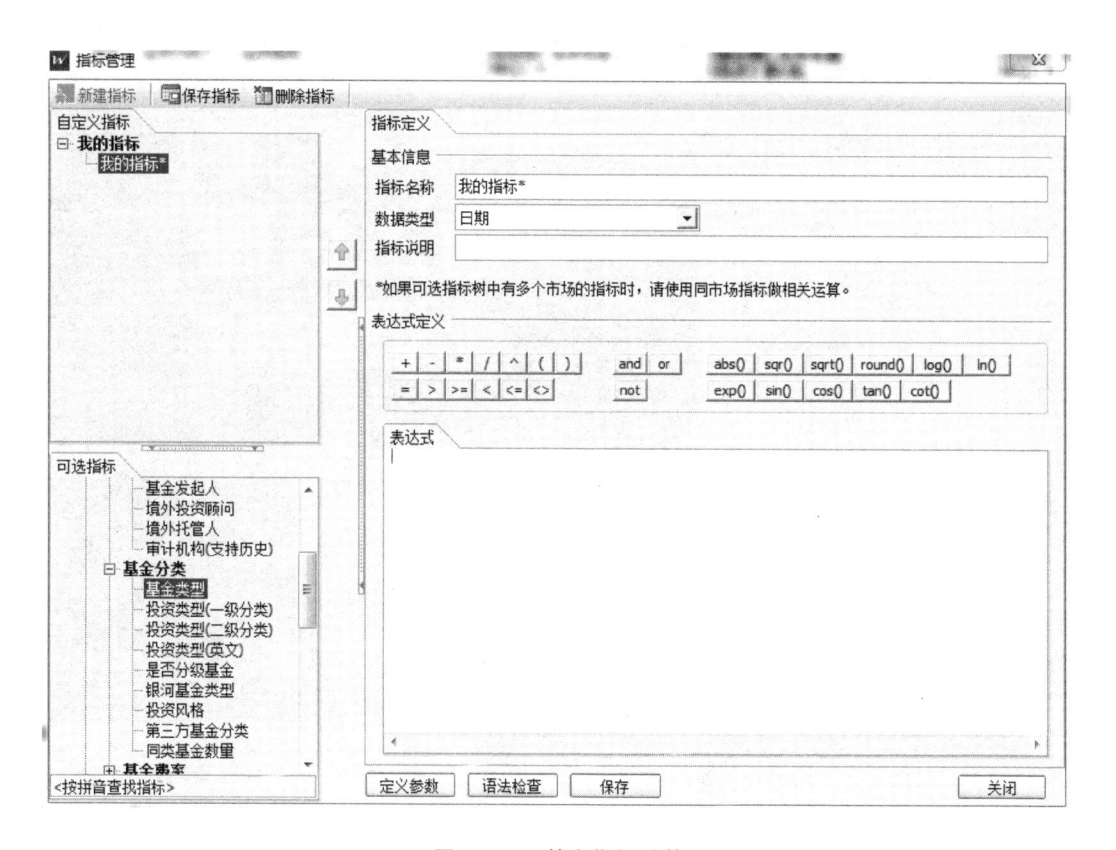

图 2.3.5　基金指标计算

2.4　Excel 插件及代码生成器运用实验

Wind 资讯金融终端提供了许多方便的插件用于获取、检视和分析数据。使用 Excel 插件是获取 Wind 数据的重要技能。本实验旨在培养同学们学习使用 Excel 或其他编程插件导出并运用数据的技能。

2.4.1　修复 Excel 插件

实验前首先要确认 Excel 插件完好。首先需要打开 Wind 资讯金融终端，点击"我的"目录下"修复插件"来修复 Excel 插件，如图 2.4.1 所示。

图 2.4.1　Excel 插件修复功能

然后打开 Excel，点击"文件"菜单，如图 2.4.2 所示。
点击"选项"栏目，如图 2.4.3 所示。

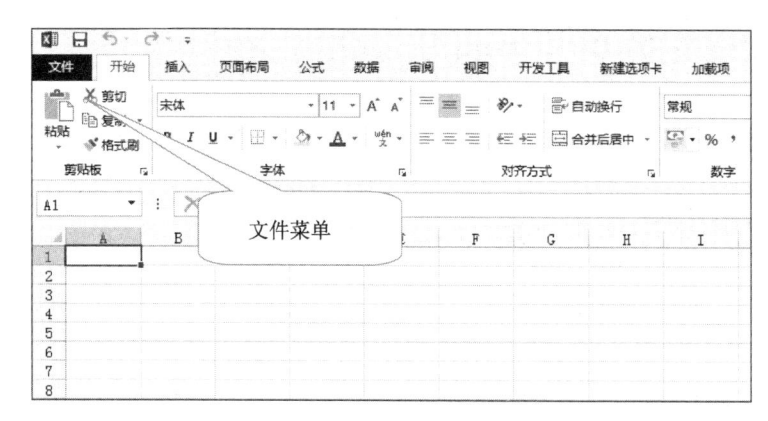

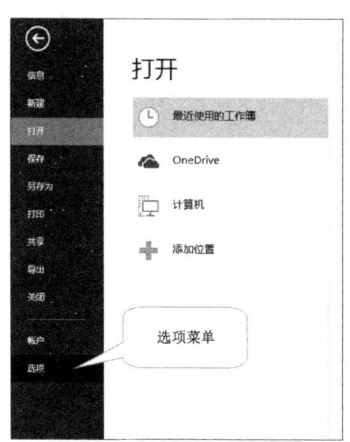

图 2.4.2　Excel 插件使用图一　　　　　　图 2.4.3　Excel 插件使用图二

选择"COM 加载项",点击"转到",如图 2.4.4 所示。

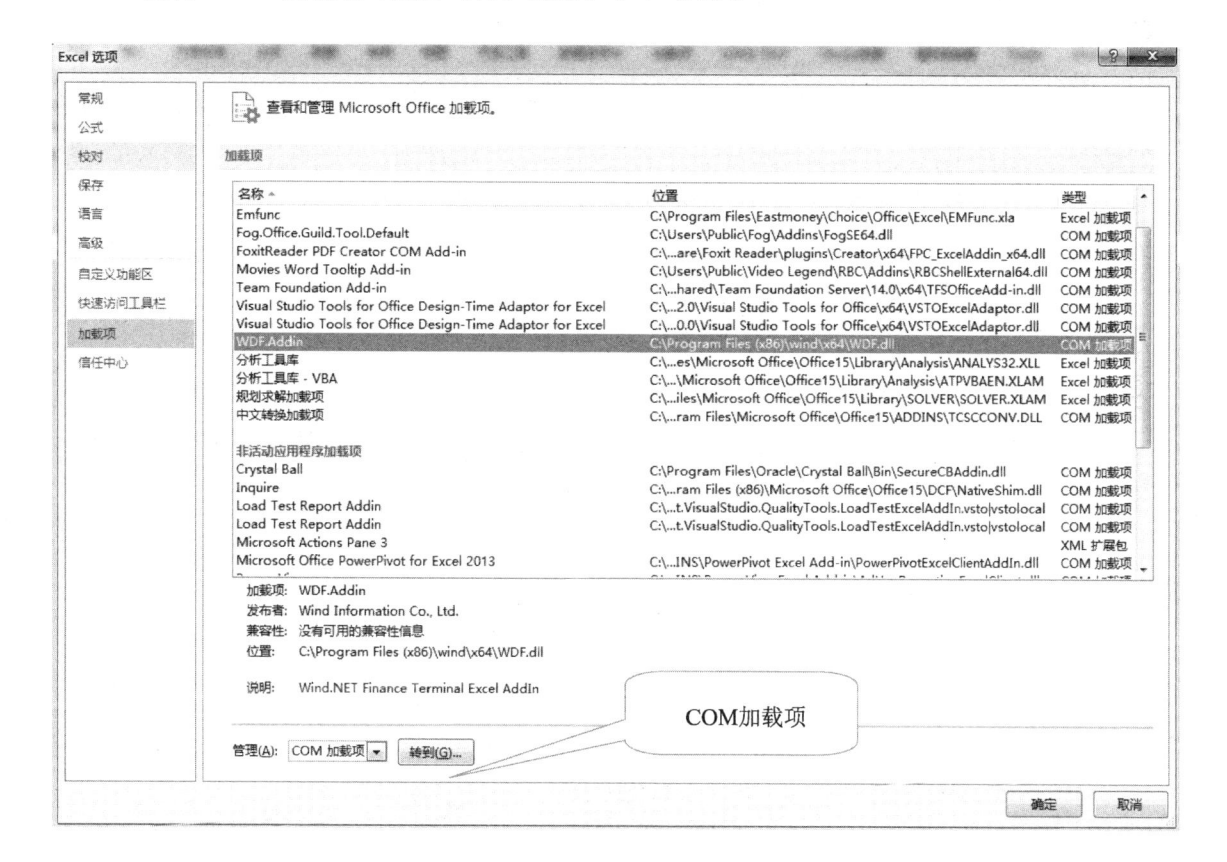

图 2.4.4　Excel 插件使用图三

添加"WDF.Addin"加载项,如图 2.4.5 所示。

点击 Wind 资讯"COM 加载项",即可使用 Wind 的 Excel 插件,如图 2.4.6 所示。

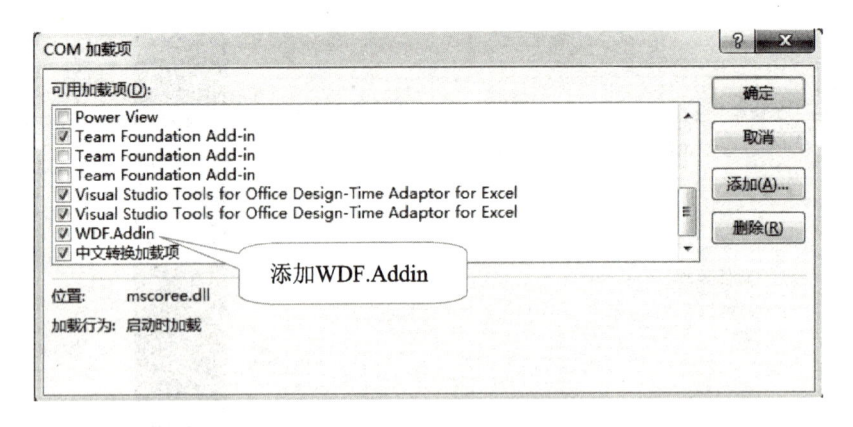

图 2.4.5 Excel 插件使用图四

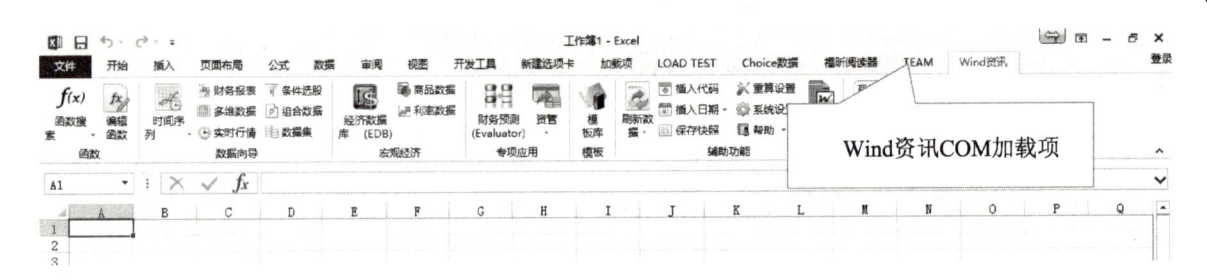

图 2.4.6 Excel 插件使用图五

2.4.2 使用 Wind 资讯查询历史信息

点击"日期序列",如图 2.4.7 所示,可以查看股票历史数据,导出历史交易信息。此外"财务报表""多维数据""实时数据""条件选股""数据集"等数据选项也能帮助用户查看行情、分析公司。以日期序列为例,可以通过以下几个步骤查询所需信息。

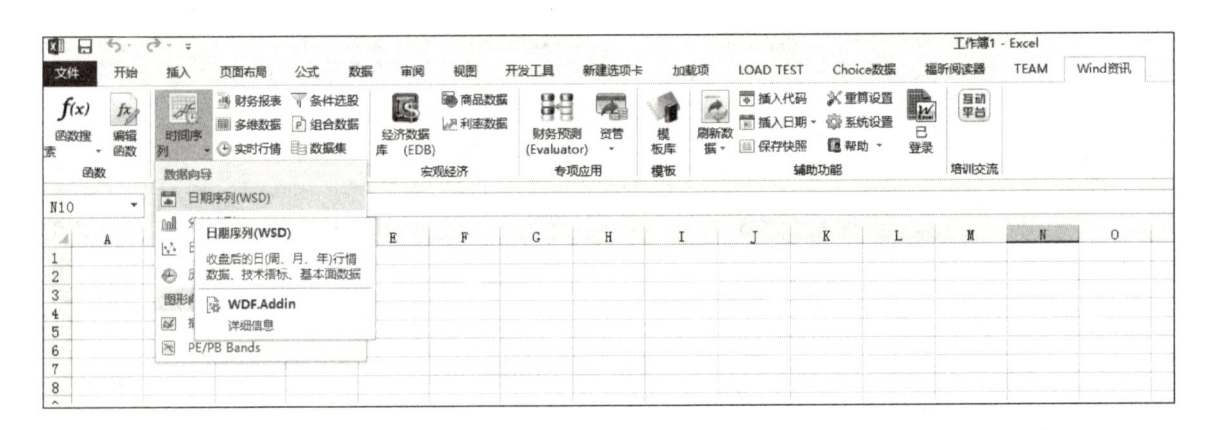

图 2.4.7 Excel 插件查询图一

(1) 选择需要查询的证券,如图 2.4.8 所示。

图 2.4.8　Excel 插件查询图二

(2) 选择需要查询的指标,如图 2.4.9 所示。

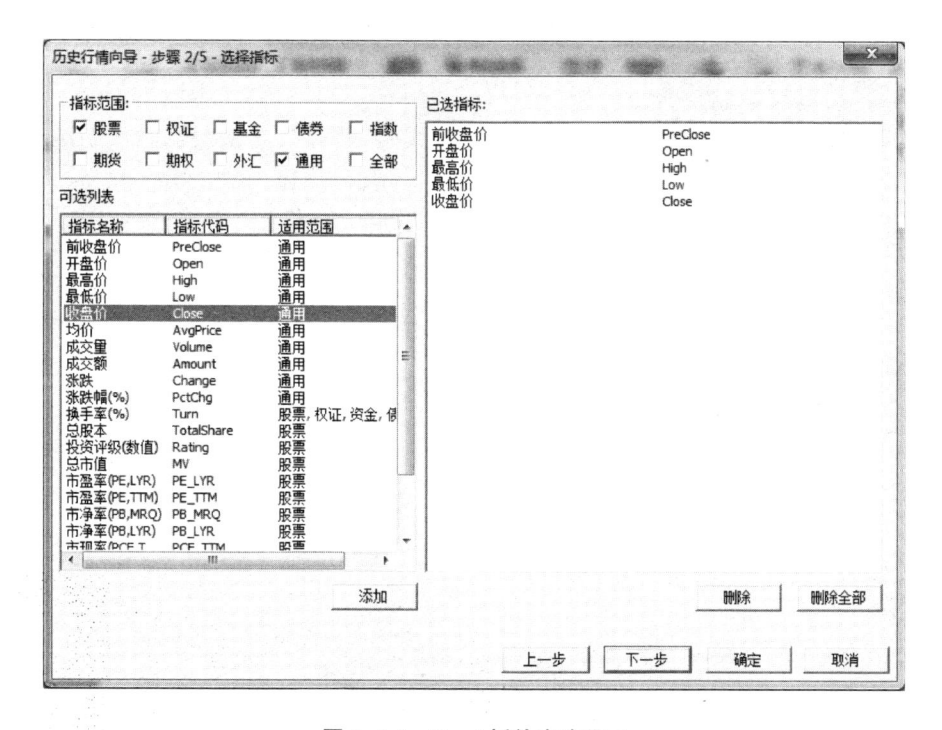

图 2.4.9　Excel 插件查询图三

(3) 选择时间周期、复权等信息,如图 2.4.10 所示。

图 2.4.10　Excel 插件查询图四

(4) 选择数据输出时间,如图 2.4.11 所示。

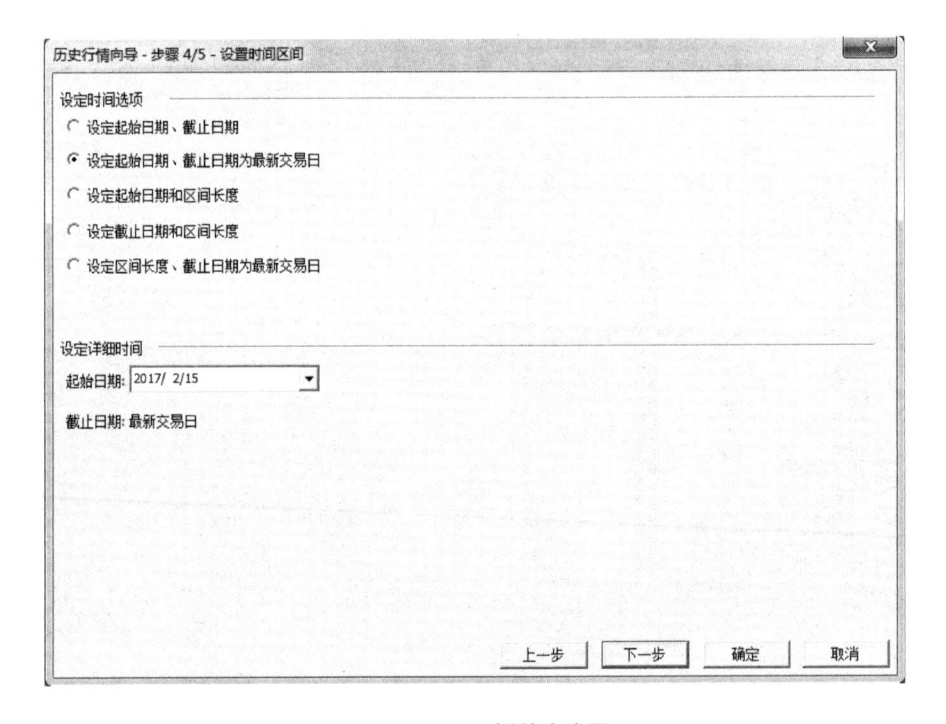

图 2.4.11　Excel 插件查询图五

(5) 选择数据输出格式,如图 2.4.12 所示。

图 2.4.12　Excel 插件查询图六

(6) 得到所需数据示例,如图 2.4.13 所示。

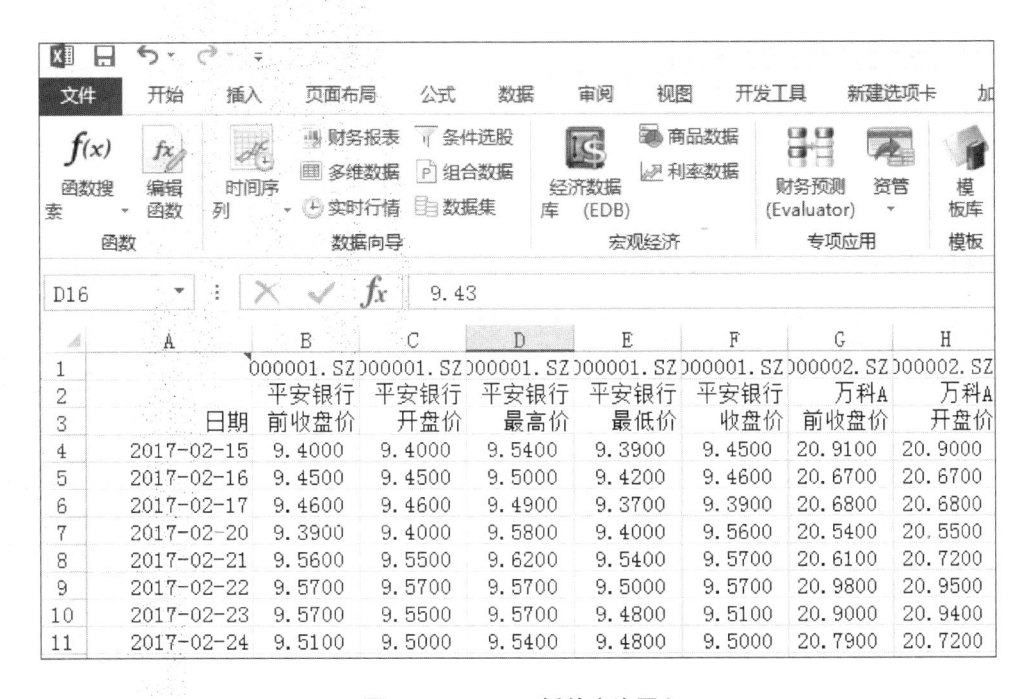

图 2.4.13　Excel 插件查询图七

2.4.3 使用 Wind 资讯查询实时信息

以实时数据为例,我们也可以用公式获取实时行情报价。

图 2.4.14 Excel 插件实时信息图一

图中显示了实时行情,每过几秒数据将会自动刷新。可以通过 Excel 订阅实时全部股票行情,实现看盘软件的功能。

图 2.4.15 Excel 插件实时信息图二

注意到,所有股票信息都是通过 Excel 公式推送出来的。修改参数列表,即可得到不同股票的不同数据,修改第二项参数,即可改变查询的股票,修改第三项参数,即可改变股票的数据内容,如最高价、最低价等,使用十分方便。例如股票 000001.ZS 的涨跌幅的公式为"=RTD("wdf.rtq", "000001.SZ", "Change", "RT_Price")",如果用户能巧妙运用 Excel 公式,利用 Excel 自带的"IF"公式、"VLOOKUP"公式等,就能在 Excel 上实时推送出符合标准的股票,可以据此执行相应股票策略的操作。

2.4.4 代码生成器实验

如需使用其他语言形式,在万得安装目录下可以使用代码生成器,代码生成器位于"\wind\bin\WindNavigator.exe"。

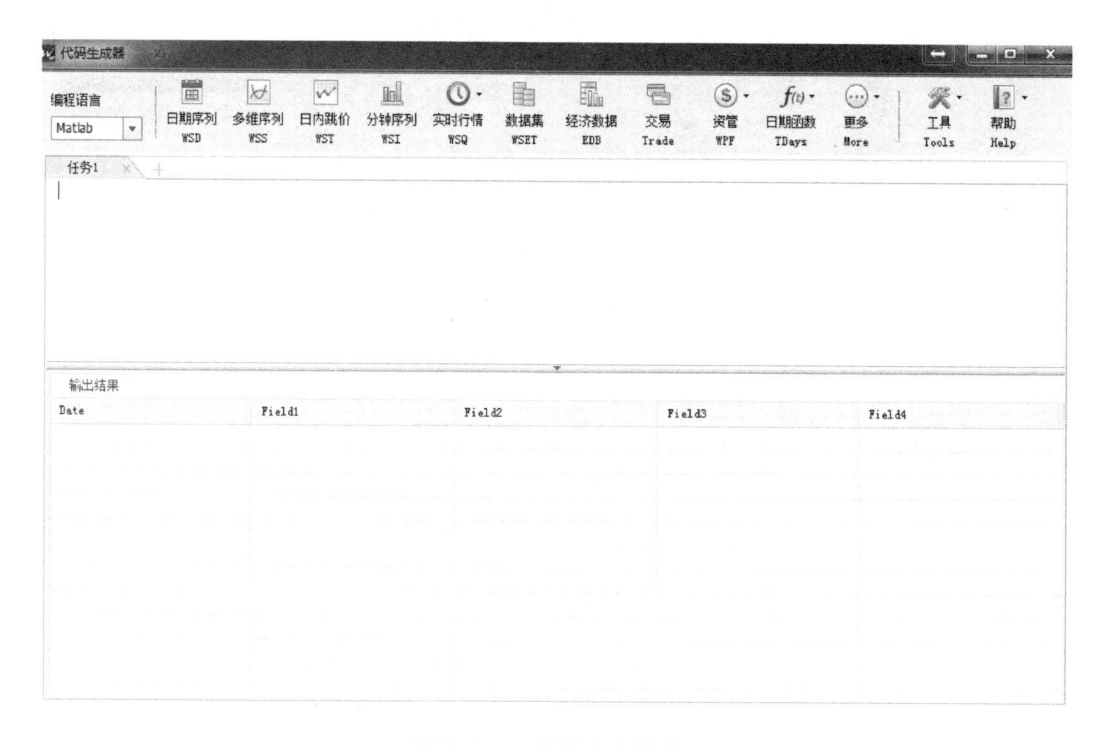

图 2.4.16 代码生成器图一

代码生成器可以快速生成提取数据的代码,将代码复制到程序中,即可在程序中快速调用万得数据。

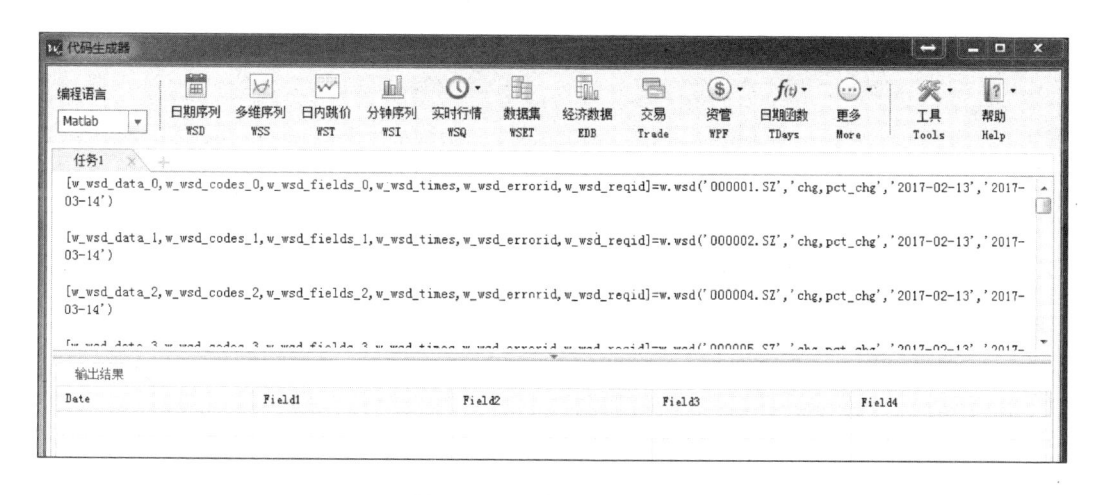

图 2.4.17 代码生成器图二

以 Matlab 为例，选择日期序列、多维数据、日内跳价、分钟序列和实时数据等函数，设定相应的参数，即可得到用于调取数据的代码。

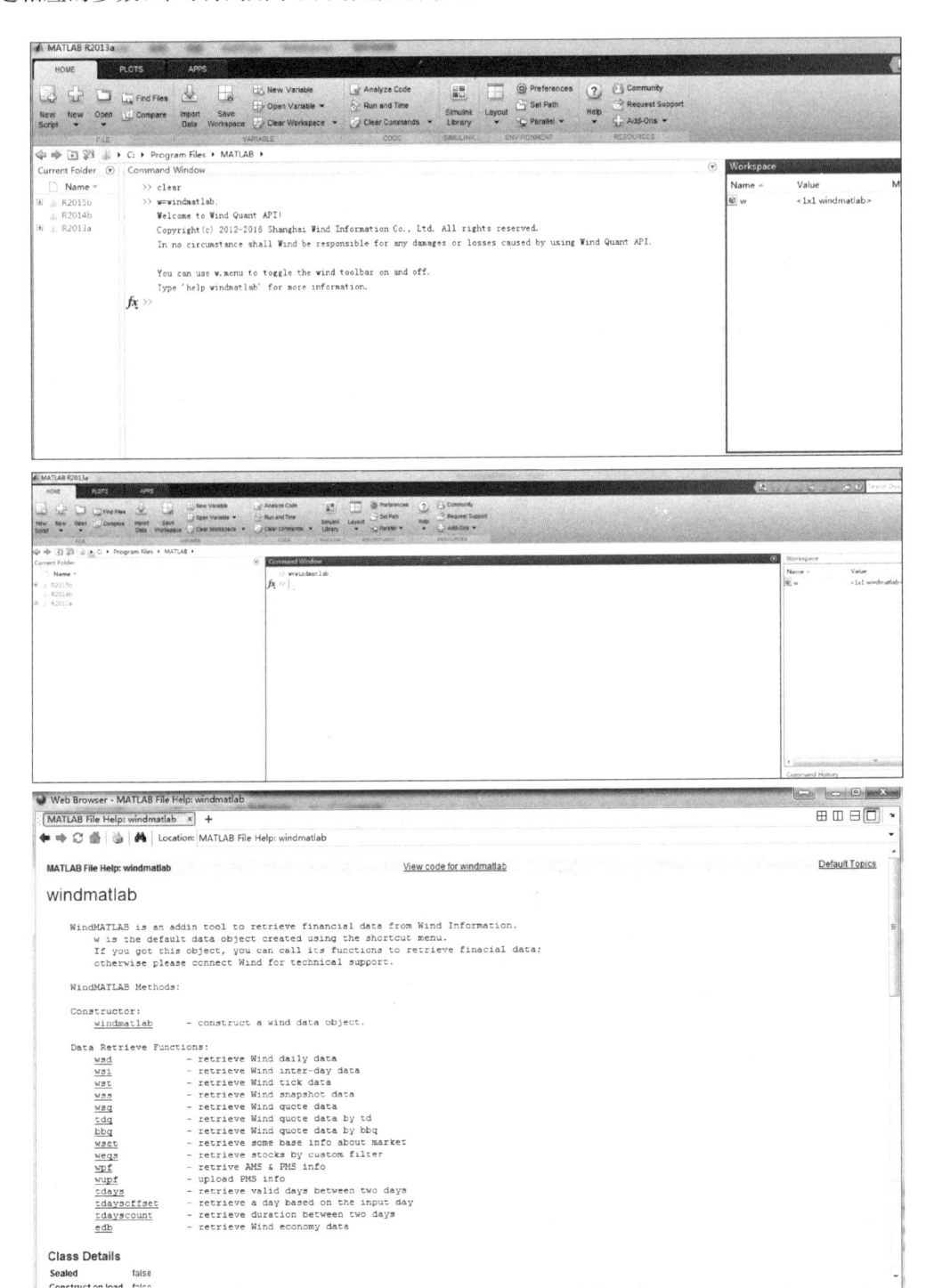

图 2.4.18　Matlab 查询、返回及相关函数

在 Matlab 中先输入"w=windmatlab;"即可创建获取数据的链接,然后粘贴代码生成器生成的代码到 Matlab 命令窗口,即可得到数据。

例如输入:

w = windmatlab;

[w_wsd_data,w_wsd_codes,w_wsd_fields,w_wsd_times,w_wsd_errorid,w_wsd_reqid] = w.wsd('000001.SZ','open,high,low,close,volume,amt ','2 016 - 01 - 04','2 016 - 12 - 30');

即可提取股票代码为 000001.SZ(平安银行)从 2016 年 01 月 04 日到 2016 年 12 月 30 日的开盘价、最高价、最低价、收盘价、成交量和成交金额数据。

图 2.4.19　平安银行相关查询结果

数据储存在第一个返回值"w_wsd_data"之中,默认缺省的数据会被显示为"nan"(Not a Number),运用"isnan()"函数稍加处理,即可进行进一步处理。此外,必须注意第四个返回值"w_wsd_times"与 Excel 中时间的度量有所不同。

3 场内模拟交易撮合系统

在很多情况下无法使用集中的撮合平台进行非交易时间的教学,比如周末、夜间或者缺乏电脑机房环境。如此,就需要一种轻量级的、能摆脱真实行情限制的场内撮合交易解决方案。即所有的实验对象互为对手方,以一定的情节设定加以固定的实验规则对整个实验进行展开。

本实验手册使用上海财经大学金融科学实验中心研发的"甲股杀模拟交易系统"(以下简称"甲股杀")作为演示说明,介绍场内模拟交易撮合的相关实验步骤。首先介绍甲股杀模拟交易系统的功能和操作步骤,然后再根据具体的教学实验逐步解说。

3.1 软件功能概述

甲股杀模拟交易系统是一款基于微信开发的移动教学应用,采用的是 B/S 构架,包括网页端和微信端两部分。网页端作为教师端向同学们展示盘口等一些交易数据信息以及撮合界面,让同学们能够更好地掌握竞价、投标的基本流程。学生端基于微信开发,通过向微信号发送指定格式的信息来向服务器发送指令,接收交易委托回报等。其优点在于摆脱了传统机房的限制,同学们只需要利用手机,即可完成所有实验操作。

具体运行时,教师端需要联网计算机一台,安装 7.0 以上版本的 IE 浏览器、Chrome、Firefox 等,学生部分只需要有安装微信的 Android 或者 iOS 手机即可,极大地减轻了系统的硬件需求。

3.2 程序安装

3.2.1 教师端程序的安装

教师端不需要安装,直接在浏览器中输入配置好的网站,如在本机运行,即运行本地网页即可,因为软件后台连接微信端,加载完成后的页面如图 3.2.1 所示。

图 3.2.1　教师端

3.2.2　学生端程序的安装

学生通过关注教师端上方的二维码进入公众号,选择"甲股交易所"应用。

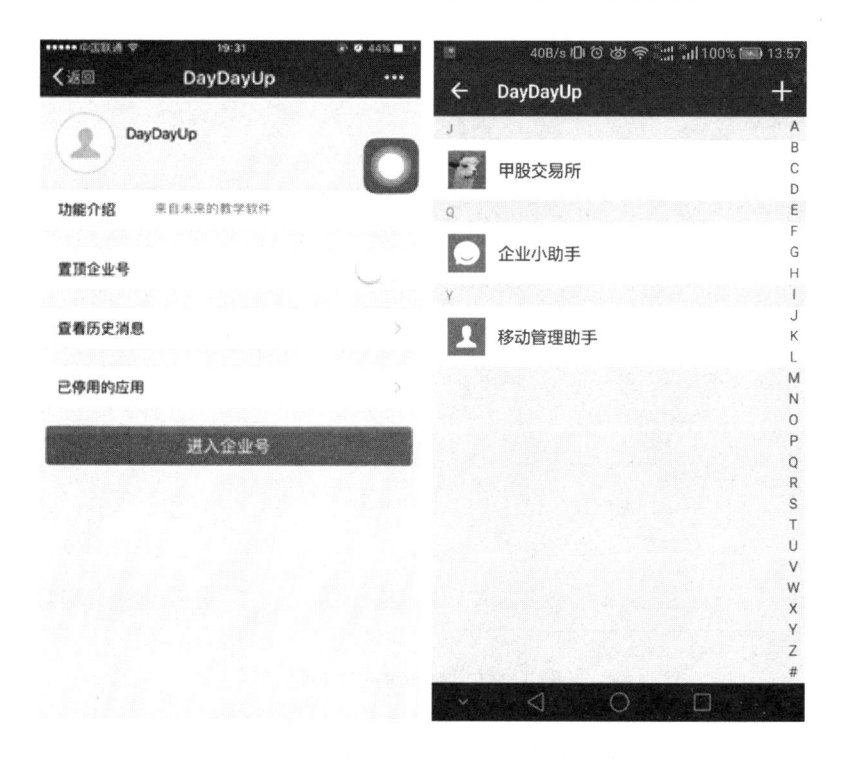

图 3.2.2　学生端手机

如此,简单操作后全班即可以进行实际的场内撮合实验。本书基于该系统,在此举两个例子:消息驱动场内证券交易和国债模拟招投标实验。

3.3 场内模拟撮合实验

3.3.1 教师端操作

教师打开浏览器,在地址栏输入相关地址,即可打开教师端系统,进入系统主界面。其中"入市人数"是指已注册人数,"已分配账户人数"是指已经进行初始资产分配的账户。只有经过资产分配的账户才能进行正常的实验。

在所有学生进入微信端甲股杀应用后,教师可以给学生分配初始资产和股票。具体的操作是点击左上角的"分配资产"按钮,来到资产分配页面("给散户分田地"栏目)即可。

图 3.3.1　教师端资产分配

教师可以选择手动给学生分配资金和股票,即每个同学实际有多少股,有多少钱。一般情况下,不建议全股全钱,否则容易造成实验流程异常。为简化操作,也可以在右下角选择"均分"或者"随机分配",点击"提交"完成分配。

分配完成后学生即可开始竞价,试验逐轮进行,每一轮的盘口信息都会在教师端显示,如图 3.3.2 所示。而在学生端采用具体的格式微信进行报单和撤单操作。具体在实验中撮合模式和报单渠道分离,所以该系统可以较好地兼容各类实验。

而教师端不仅是供教师操作,也是一个全班集合信息的发布渠道。使用投影仪和大屏幕电视等设备,参与实验的同学可以共享一个交易盘口屏,在节省硬件开支的同时,还保证交易信息的一致性。

Round 1

盘口信息

买量	价格	卖量
200	500.000	5100
2000	400.000	
1800	300.000	800
1000	201.000	
9600	200.000	100
	199.980	9000
	199.000	1000
1100	155.000	
	150.000	100
500	100.000	
	50.000	100

成交价设定

图 3.3.2　教师端报单盘口

实验以轮为单位,每轮结束,按照具体的实验规则进行自动撮合和清结算工作,对相关的资金账户和股票账户进行划分。也可以开放清结算甚至撮合平台,让一部分同学担任交易所或者清算所的工作,丰富实验的流程和体验。甚至在有交易手续费的情况下,撮合和清结算也能分离,达到实现浮动盈亏和实际盈亏的真实交易效果。

所以实验轮次结束后可以看到学生的账户明细,如图 3.3.3 所示。

图 3.3.3 教师端账户信息

一次实验可以是一轮,也可以由多轮组成,视教学环节而定。而具体的规则设定不仅可以体现在撮合机制上,也可以反映在实验设定上,具体在后续的实验样例中进行系统介绍。

3.3.2 学生端介绍

学生在微信中打开企业号,找到"甲股交易所",即可进入虚拟市场,获得交易账号,并且等待教师分配资产。在所有流程完成后,即可以进入实验。整个学生端是双向的信息机制,即既可以发送相关信息(如下单、撤单、查询和浏览新闻等),也可以接受相应的信息(如成交回报、资产账户、行业信息等)。

其中学生端主要有三大按钮,按钮功能分别为:

- 使用说明:向学生介绍发送委托的正确格式。
- 查看账户:回报学生当前持有的资金和股票(或其他有价证券)。
- 交易流水:回报学生各实验轮次的交易记录。

如果在后台账户进行特殊标注,按一定格式发送,即可以向全体发送信息。在教师端利用微信自带的管理工具也能进行相关操作。

图 3.3.4　学生端账户信息交互图

3.3.3　实验流程

首先,规定甲股交易所基本规则如下:

1. 本交易所交易标的为虚拟股票羊驼科技。

2. 为每个进入虚拟市场的账户分配资产(包括现金和股票):可以采用计算机随机分配、平均分配或者人工手动分配,在前两者分配情况中,默认股票初始价格为 100 单位。

3. 交易所采用以"最大成交量"为原则的集合竞价交易规则。

4. 交易允许撤单,设置撤单之后将删除该订单的未成交申报量。

5. 交易不设置涨跌幅限制。

6. 交易无保证金制度。

7. 允许卖空,但持有空头仓位期间不允许开新仓,除非平仓后重新开仓。

8. 同一账号允许同时开多头和空头仓位,但是同一账号的报单不能自成交。

9. 当同一账号同时挂有未成交的申买单和申卖单时,后来的订单若不能与其他账户全部成交,将被即时撤单。

后台撮合流程如图 3.3.5 所示。

其中,交易采用集合竞价模式,我国的股票交易竞价过程包括两种即连续竞价和集合竞价,其中所谓连续竞价是指对买卖申报逐笔连续撮合的竞价方式。集合竞价结束后,证

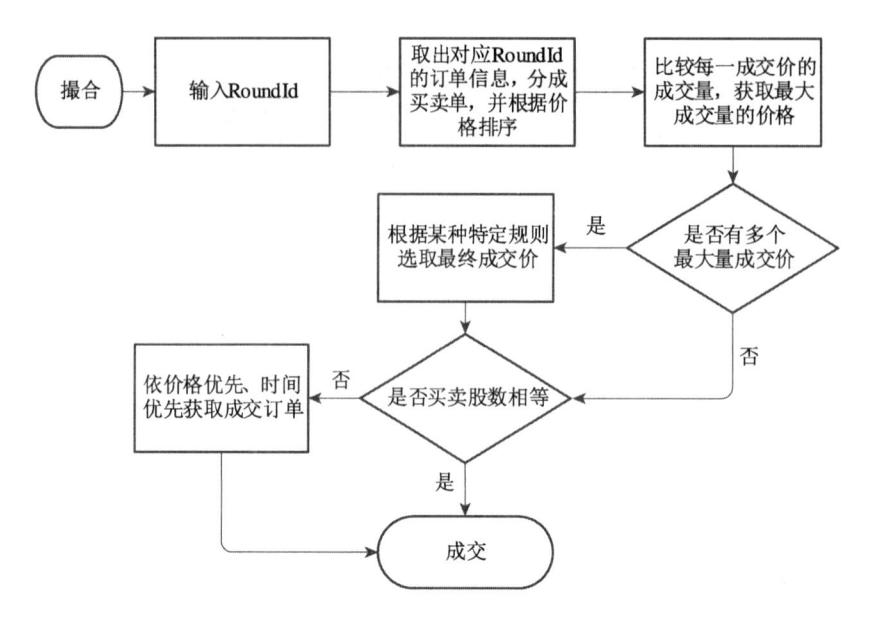

```
  ┌────┐    ┌──────────┐    ┌──────────────┐    ┌──────────────┐
  │撮合│───▶│输入RoundId│───▶│取出对应RoundId│───▶│比较每一成交价的│
  └────┘    └──────────┘    │的订单信息,分成│    │成交量,获取最大│
                            │买卖单,并根据价│    │成交量的价格   │
                            │格排序        │    └──────────────┘
                            └──────────────┘
```

图 3.3.5　交易所集合竞价模式撮合流程

券交易所开始当天的正式交易,交易系统按照价格优先、时间优先的原则,确定每笔证券交易的具体价格。

上海证券交易所在正常交易时间即每周一至周五上午 9:30~11:30,下午 1:00~3:00 采用连续竞价方式,接受申报进行撮合。深圳证券交易所在正常交易时间即每周一至周五上午 9:30~11:30,下午 1:00~2:57 采用连续竞价方式,接受申报进行撮合。

成交时价格优先的原则是:

买进申报——较高价格者优先。

卖出申报——较低价格者优先。

成交时间优先的原则是:

买卖方向、价格相同的,先申报者优先于后申报者。先后顺序按交易主机接受申报的时间确定。

连续竞价时,成交价格的确定原则为:

(1) 最高买入申报与最低卖出申报价格相同,以该价格为成交价。

(2) 买入申报价格高于即时揭示的最低卖出申报价格时,以即时揭示的最低卖出申报价格为成交价。

(3) 卖出申报价格低于即时揭示的最高买入申报价格时,以即时揭示的最高买入申报价格为成交价。

凡不能成交者,将等待机会成交;部分成交者,剩余部分将处于等待成交状态。投资者的委托如未能全部成交,证券公司在委托有效期内可继续执行,直到有效期满。

连续竞价适用于流动性好的交易品种,对交易撮合主机的并发性和实时性要求较高。

而所谓集合竞价,是指将数笔委托报价或一时段内的全部委托报价集中在一起,根据不高于申买价和不低于申卖价的原则产生一个成交价格,且在这个价格下成交的股票数量最大,并将这个价格作为全部成交委托的交易价格。

具体的集合竞价条件包括以下几点:

(1) 交易系统对全部申报按照价格优先、时间优先的原则排序:所有申报按价格从高到低排序,同一价格的所有申报按照时间从小到大排序。

(2) 最终的成交价格使得成交量最大。

(3) 高于基准价格的买入申报和低于基准价格的卖出申报全部成交。

(4) 与基准价格相同的买卖双方中有一方申报全部成交。

在场内撮合环境中,由于参与人数较少(一个教学班30～300人),时效性要求低,所以不需要真实证券交易采用的连续竞价模式。本系统支持连续竞价,但为实验的经济性考虑,一般采用按轮次的集合竞价来充分反映交易双方对于价格和消息的不同行为。

其次,进入资金分配,教师可以选择手动分配,也可以选择自动分配,自动分配包括均分(每个学生有1 000 000元现金、10 000股股票),也可以选择随机分配,由于市场上的投资者拥有的资金量和持仓量都不同,大型投资者相比小散户有更大的资金优势,因此随机分配能更加贴近真实的市场情况。与传统的模拟交易相比,由于该市场完全封闭,所以对投资者的交易行为更加敏感,可以充分模拟市场上的交易情况。

然后进行申报委托。学生拥有了资金和股票之后可以开始交易,交易指令的具体格式可以通过点击微信端的"使用说明"按钮查看。比如"200 5 买"即以200元的价格买5股(在甲股交易所中,下单的最小单位为1股)。委托回报如图3.3.6所示。

如果需要撤单,则直接发送"撤"即可(见图3.3.7)。

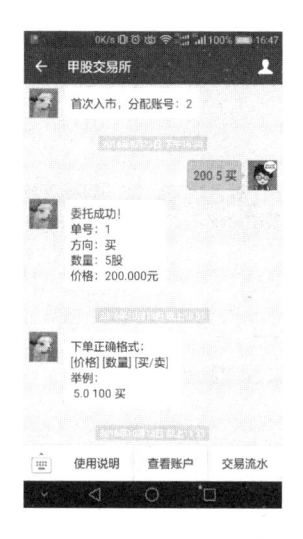

图 3.3.6　学生端下单流程　　图 3.3.7　学生端撤单流程

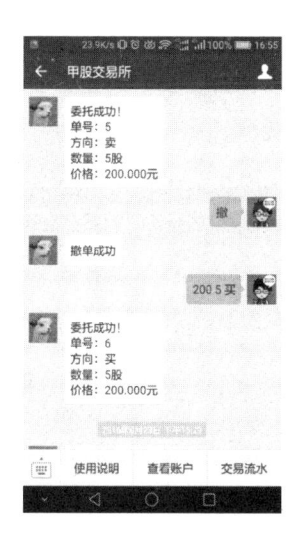

委托申报后可以在教师端的网页上看到盘口数据,如图3.3.8所示,中间显示所有委托包含的价格,买量和卖量分别为对应价格的总买盘和总卖盘。

买量	价格	卖量
200	500.000	5100
2000	400.000	
1800	300.000	800
1000	201.000	
9600	200.000	100
	199.980	9000
	199.000	1000
1100	155.000	
	150.000	100
500	100.000	
	50.000	100

图3.3.8　教师端盘口信息

学生可以根据当前盘口信息进行挂撤单,并判断后续的行情走势。同时新闻系统也会一直上线,不同的学生和老师会发表不同的消息和观点,学生需要对这些消息进行判读,并结合盘口情况进行实际交易。实际实验中,基于消息判读的宏观基本面信息和基于盘口的微观市场结构信息对最后价格的形成都起到了非常重要的作用。曾有过一个实验同学利用盘口挂撤成功"欺骗"一个班并获得绝对超额收益的例子。

当一轮结束后,根据当前的盘口信息,可以根据集合竞价的条件计算出该轮的最终成交价格。如果自动的话会直接跳过这个流程,如果是需要手动撮合和清结算,会进入如下界面,如图3.3.9所示。

图3.3.9　教师端手动撮合流程图一

输入最终成交价,点击"提交"即可看到所有的有效委托单,如图3.3.10所示。

3 场内模拟交易撮合系统

订单ID	用户ID	下单时间	方向	价格	数量
216	11	13:58:34	买	250.000	100
269	31	14:02:04	买	250.000	1000
276	24	14:02:28	买	220.000	1000
280	51	14:02:46	买	370.000	130
284	26	14:02:48	买	500.000	1000
285	9	14:02:50	买	230.000	500
286	12	14:02:51	买	200.000	1000
287	41	14:02:52	买	200.000	1000
293	37	14:03:07	买	201.000	900
295	4	14:03:08	买	250.000	1000
288	34	14:02:52	卖	200.000	5000
291	33	14:03:06	卖	100.000	3000
294	42	14:03:07	卖	199.000	5600

图 3.3.10　教师端手动撮合流程图二

这些有效委托单已经计算好具体的差额头寸，只需要点击左下角的"账户清算"，就可以根据有效委托单，对学生的资金账户和股票账户进行清算。

图 3.3.11　教师端手动撮合流程图三

将图 3.3.11 所计算的差额一一填入不同 ID 账户,数量相同,方向相反:证券卖出方是现券减少,资金增加;证券买入方是资金减少,现券增加。填完后所有环节结束,点击"提交并开启下轮"后即可开启下一轮。

上述流程可重复数次,最后一轮结束后可以对所有账户进行清算,设定股票的最终成交价,可以看到每个学生的最终总资产。与起初数据相比,可以计算出每位学生的收益率。

用户ID	姓名	资金	股票	总资产
1	顾敏倩	188100.000	4500	881100
2	南杰	35600.000	9200	1452400
3	闻夏安	111400.000	2300	465600
4	马峰宇	959590.000	3900	1560190
5	钱均	1452380.000	0	1452380
6	黄辛瑶	509300.000	6390	1493360
7	张睿哲	1920000.000	0	1920000
8	梁睿康	120100.000	5100	905500
9	孙峰慧	14400.000	3700	584200
10	Elaine	548800.000	1400	764400

图 3.3.12　教师端手动撮合流程图四

实验的最后判定,会影响学生最后的成绩。比如最后实验结束后,现金和证券的折算比例、证券最后的结算价格的计算方式等等。具体操作中也因为个人账户变动较剧烈(尤其采用随机开局的模式,个人差异会很大),不采用个人记分而采用一个小组的集体分数来平缓差异。

具体实验中,还需要一系列剧本的配合,让实验对象进行沉浸式交易体验。具体的剧本需要有一定的趣味性,更要涵盖具体证券投资的知识点。下面是一个具体剧本的介绍。

3.3.4　甲股杀实验样例介绍

甲股杀——羊驼风云传 V0.1
Presented by FiNLAB

让智慧且理性的你,在平行宇宙中吞食天地吧!

零、世界观

羊朝,平行宇宙中人羊共存、其乐融融的国度,该国股票交易市场——甲股交易市场,仅发行一只股票,国有控股公司——羊驼科技股份有限公司(MagipolisAlpatech Co., Ltd.,以下简称"羊驼科技",ID:零零零零零甲)。除股市外,还有东夷、西戎、南蛮、北狄四个国家与羊朝相连并进行经贸往来,边境已百年无战事,并统一了货币。国家经贸情况如下表所示:

国家/项目	GDP	CPI	利率	对外开放程度	人均工资/月
羊朝	7%	3%	4%	中	3 000
东夷	3%	2%	−0.10%	高	5 000
南蛮	11%	10%	8%	中	2 500
西戎	2%	1%	1%	低	4 000
北狄	2.50%	2%	2%	中	3 500

现有甲方和乙方两个团伙,以资金为武器,以羊驼科技为战场,进行团队对抗。兵者,不在意一城一池的得失,而当以集体主义为原则,争取整个战役的胜利。

甲、公司设定

公司名称:羊驼科技股份有限公司(羊驼科技,零零零零零甲)

业务范围:丙++开发(20%),养殖(20%),纺织(10%),游乐园(20%),互联网餐饮(10%),火锅(20%)

最新年报披露	EPS=2
最新价格	LastPrice=100
最新库存	LastProduct=5000
总股本	Vol=15000000
流通股本	Vol=7000000
限售股	Vol=0

乙、参考行业PE

计算机	120
纺织	20
农林牧渔	15
娱乐	80
餐饮	40
羊驼价格	300000 per unit
羊驼租金	10000 per mon
羊驼饲养成本	1000 per mon

丙、行业信息

火锅店净利率	50%
互联网盈利	－10%
羊驼毛织品	20%
程序开发	N/A

丁、交易设置

关注微信公众号×××进行开户,得到唯一的 ID 和所属团伙,ID 和团伙信息至关重要,请注意保密!

采用每节集合竞价,正常情况下每五分钟一次,成交原则为最大成交量,遵循价格优先、时间优先,如遇相等以高者成交。

每节每人只能有一个留存单,可撤单再挂,如遇废单、错单以及多余单均忽略不计,视交易所信号而定,超过时间的报单和撤单操作视作无效。

每次交易结算,公布成交价和成交数量,由独立清算组进行。只公布资金账户的成交细节,不公布投资者信息和投资者所在团伙。计算出价格后,就需要对所有账户的证券和资金以银货两讫原则进行划拨。

戊、团伙介绍

团伙甲:不动派。"圣人之所以能胜,皆因不动,不动,明王"——巴菲力(8 Fillet)

团伙乙:纯阳派。"买?买!买?买!买?买买买!"——羊云(￥Cloud)

初始两个团伙分别拥有等值的资产,但在一个团伙中,每个成员的资产配置随机并不一致。

为便于团伙交流,系统一共有三个微信群,分别是团伙各自的内部群和世界群,均在系统建立之初即成立。除微信群外,参与者亦可以口头交流。

己、媒体系统

羊朝有全国广播的媒体,实时发表新闻,新闻分为:公司、国内、国际新闻三类,新闻或存在水分,需要自己分析。

庚、神秘资金

显然你们不是唯一的投资者,另有隐藏的神秘资金和股东会对信息或新闻做出反应,或会对市场造成价格干扰。

辛、新闻系统参考

国际:

1. 奥巴羊当选北狄国总统。

2. 西戎国遭遇恐怖分子生物袭击,游乐园遭血洗,千只羊驼死亡。

3. 东夷国爆发羊蹄疫,各国边境紧急进行边境生物稽查。

4. 马兰士大学研发羊驼新饲料羊坷垃,一包抵原来十包,平均成本下降 70%。

5. 西戎国向周盟提出羊朝倾销羊驼,暂时取消羊驼的进口配额,西戎国国内爆发反政府游行。

6. 羊兰士大学揭发马兰士的新饲料存在巨大安全隐患,相关部门已介入调查。

7. 北狄一教授研发出丙♯软件,称比丙＋＋好用百倍,网络爆发程序猿口水战,各大公司网站一度瘫痪。

国内:

1. 国内全面放开羊驼二胎法。

2. 国内最大猪饲料厂被爆食品安全隐患,导致全国近十分之一的生猪遭遇屠宰,猪肉成本大幅上涨。

3. 国内发表最近 GDP 公告,7.3%。

4. 国内拟建最大的羊驼主题公园。

5. 国内知名风云私募大佬羊翔被失踪,家属声称不必报警。

6. 某组织进行示威游行,表示"没有买卖,就没有伤害",多处餐饮门面遭遇打砸抢烧。

7. 政府表示:全面推进互通网＋战略,北狄国移动互联品牌"狄狄打饭"表示会借此东风扩大市场,加大红包补贴力度。

8. 国内爆发转基因论战,知名国嘴与某大学展开激烈辩论,目前未受转基因影响的仅有羊驼肉。

9. 央行突然表示再次降低存款准备金。

10. 希波利亚寒流不日将到达羊朝,望国民做好保暖准备。

公司:

1. 公司与羊驼大学农学院签订合作框架协议,全力进行羊驼基因改良研发。

2. 公司 CEO 宣布所有员工无论何种岗位必须在年底通过丙＋＋二级考试,否则将开除出公司,员工爆发罢工。

3. 公司宣布进入乙肝疫苗的研制工作。

4. 公司的羊驼 LAB 软件被选作第二十届大学生课外学术竞赛指定计算软件。

5. 公司表示将开始调整业务重心,全力进军羊驼养殖。

6. 公司表示遭遇百年未遇之灾,库存一半羊驼莫名失踪,相关负责人员表示可能逃往山中。

7. 公司一名资深项目经理被抛尸,疑似过度频繁改动需求而被程序猿活活打死。

8. 公司表示将进行股息派现,每十股派 1。

3.4 国债模拟招标实验

3.4.1 国债招标基础知识

目前我国国债发行分为两部分,一部分是竞争性招标,另一部分为非竞争性招标即基本承销,招标的是竞争性这部分。美国式和荷兰式是国债招标的两种方式,美国式的市场化程度较高,发达国家采用较多,而我国多采用荷兰式。

举例来说,财政部要发 200 亿元国债,利率上限为 3%。采用荷兰式招标也就是利率招标,即谁的利率低谁就中标。投标后利率由低到高,到 200 亿元发行量为止,即是中标利率。实践中,荷兰式招标往往容易造成恶性竞争。而美国式招标是由承销团自行投标,然后按照 200 亿元的发行量,计算出加权平均利率,如果中标者的投标利率低于中标利率,承销团在购买国债时需补足利率价差。

3.4.2 国债招投标实验

三种招标方式介绍:

(1) 荷兰式招标(单一价位招标)

主要用于金融债招标。

关键点:

① 标的为利率或利差时,全场最高中标利率或利差为当期票面利率或基本利差,各中标机构均按面值承销;标的为价格时,全场最低中标价格为当期发行价格,各中标机构均按发行价格承销。

② 一般设定利率步长:0.01%,每标位最低投标量:1 000 万元,每标位最高投标量:100 000 万元。

③ 一般投标人可在 25 个标位内进行不连续投标,最高有效投标价位与最低有效投标价位之间所包含的价位点不超过 25 个标位。

(2) 美国式招标(多重价位招标)

主要用于贴现国债招标。

关键点:

① 招标方式。采用多种价格美国式招标方式,标的为价格,全场加权平均中标价格为本期国债的发行价格,各中标机构按各自中标价格承销。低于发行价格 20 个以上(不含 20 个)的标位,全部落标。

② 投标限定。一般投标标位变动幅度为 0.002 元。每一承销团成员最高、最低投标标位差为连续的 30 个标位。背离全场加权平均投标价格 60 个以上(不含 60 个)的标位视为无效投标。

(3) 混合式招标

主要用于记账式国债招标。

关键点：

① 招标方式。采用多种价格(混合式)招标方式，标的为利率。全场加权平均中标利率为票面利率，低于或等于票面利率的标位，按面值承销；高于票面利率 20 个以内(含 20 个)的标位，按各自中标利率与票面利率折算的价格承销；高于票面利率 20 个以上(不含 20 个)的标位，全部落标。背离全场加权平均投标利率 100 个以上(不含 100 个)的标位视为无效投标。

② 标位限定。每一承销团成员最高、最低投标标位差为连续的 30 个标位。

3.4.3 实验流程

实验开始前由老师设置本次招标的各项参数，包括投标总额、国债期限、投标人竞标限额、发行费率等。

比如：

- 投标总额：100 亿元
- 期限：5 年
- 竞标人数：4 人(组)
- 每个投标人的投标限额：100 亿元
- 发行费率：1%
- 招标方式：荷兰式招标

第一步，进行资产分配，与模拟交易实验类似，设定基本信息后先给各组分配资产，以投标限额为准。

图 3.4.1　教师端招投标信息设定

第二步,进入投标环节。招标方式由于包括利率招标和价格招标两种,所以单位有所区分,在利率招标时,投标单位为"‰",在价格招标时,单位为元。通过向微信端发送投标价格或者利率来完成申报,发送格式为"标位投标额",比如"8‰ 20",如图 3.4.2 所示。

图 3.4.2　学生端招投标信息设定

若要在其他标位投标,则发送不同标位的投标信息即可,如"7.5‰ 20"。在一定时间内,和场内模拟交易类似,在盘口页教师可以看到具体的投标情况,教师可以选择让学生看见和不看见具体的投标情况,而具体的招投标也可以结合具体的宏观经济预测,让个人或者各小组提前做好具体的报告或者展示。一次具体的投标情况如图 3.4.3 所示。

投标情况	
价格	投标额
1%	
2%	
3%	
4%	
5%	
6%	
7%	
8%	80
9%	100
10%	170

图 3.4.3　教师端投标情况

而不同招标方式下最后的成交情况也不同,投标结束后,教师点击"计算结果"。

图 3.4.4　教师端投标计算

详细投标情况如图 3.4.5 所示。

标位	6%	7%	8%	9%	10%
第一组	0	0	20	30	50
第二组	0	0	30	30	30
第三组	0	0	10	20	50
第四组	0	0	20	20	40

图 3.4.5　教师端投标情况

最终,计算可得招标结果,显示为:

标位	6%	7%	8%	9%	10%
第一组	0	0	20	6	0
第二组	0	0	30	6	0
第三组	0	0	10	4	0
第四组	0	0	20	4	0

图 3.4.6　教师端招标结果

具体招标结果如下:

- 中标额(亿元):各投标人在各标位中标额的和。

第一组:26

第二组:36

第三组:14

第四组:24

- 中标收益率:

第一组:8.231%

第二组:8.167%

第三组:8.286%

第四组:8.167%

- 承销价格(百元面值)

第一组:99.8

第二组:100.1

第三组:99.66

第四组:100.1

然后计算票面利率,票面利率是各投标人的各标位收益率按中标额的加权平均和 8.2%。

最后计算实验排名,排名标准:(中标收益率+发行费率－票面利率)×中标额。

1. 第二组 34.8 百万元
2. 第一组 26.8 百万元
3. 第四组 23.2 百万元
4. 第三组 15.2 百万元

3.4.4 三种招标方式结果实例

下面按不同的招标方式进行具体的结果介绍。

- 荷兰式招标(单一价位招标)

对于单一价格招标而言,首先,将投标价格按由高到低的顺序排列,逐一满足投标数量,然后,当累计投标数量达到本次计划发行量时,将其对应的投标价位确定为本次最低中标价位,即本次的发行价格,最后,各中标机构均按面值承销。与上述单一利率招标的流程基本一致,因此不再以实例进行说明。

表 3.4.1　　　　　　　　　　荷兰式投标情况

标号	投标利率(%)	投标数量(万元)	投标机构
1	2.7	30 000	A
2	2.72	20 000	B
	2.85	40 000	C
		10 000	E
...			
15	2.9	5 000	F

(续表)

标号	投标利率	投标数量(万)	投标机构
		3 000	G
		20 000	U
25	3.24	50 000	Q

计算方法：

(1) 如表3.4.1,将投标利率按由低到高的顺序排列,逐一满足投标数量。

(2) 若到15号时,累计投标数量达到本次计划发行量150亿元,其对应的投标价位即为本次最高中标价位(2.9%),同时也就确定了本次的票面利率(2.9%),则其他(16号—25号)标位落标。

(3) 最后,各中标机构均按面值(100元)承销。

最后招标结果如下：

计划招标发行总量：150亿元

实际发行总量：　150亿元

最高中标价位：　3.24

最低中标价位：　2.7

发行价格：　　　100

最终票面利率：　2.9

- 美国式招标(多重价位招标)

表3.4.2　　　　　　　　　美国式投标情况

标号	投标价格(元)	投标数量(万元)	投标机构
1	99.226	30 000	A
2	99.224	20 000	B
15	99.146	40 000	C
16	99.126	10 000	E
...	...		
32	99.072	5 000	F
33	89.886	3 000	G

(续表)

标号	投标价格	投标数量(万)	投标机构
36	89.832	20 000	U
50	89.798	50 000	Q

计算方法：

(1) 如表 3.4.2,将投标价格按由高到低的顺序排列,逐一满足投标数量。

(2) 正常情况下,累计投标数量达到本次计划发行量 200 亿元时,其对应的投标价位即为本次最低投标价位,但是由于本次全场仅 197.9 亿元参与投标,因此,本次投标流标。

(3) 计算 1 号到 50 号的投标价格的加权平均,得到发行价格:99.111 元。

(4) 但由于 33 号到 50 号的投标价格背离全场加权平均投标价格 60 个以上(不含 60 个)的标位,因此,被视为无效投标。

(5) 最后得出 1 号到 32 号的标位为中标价位,从而获知本次投标中的最高中标价位(99.226 元)、最低中标价位(99.072 元)以及实际中标数量(167.6 亿元)。

(6) 中标机构在实际承销中即按本次各自中标标位的价格承销,如 F 按 99.072 元承销 5 000 万元。

最后招标结果如下：

计划招标发行总量： 200 亿元
投标量： 197.9 亿元
实际发行总量： 167.6 亿元
最高中标价位： 99.226 元
最低中标价位： 99.072 元
发行价格： 99.111 元
参考收益率： 3.676 9

- 混合式招标

表 3.4.3　　　　　　　　　混合式投标情况

标号	投标利率	投标数量(万)	投标机构
1	4.14	30 000	A
2	4.15	20 000	B
15	4.20	40 000	C

(续表)

标号	投标利率	投标数量(万)	投标机构
16		10 000	E
...			
32	4.29	5 000	F
33		3 000	G
36		20 000	U
50		50 000	Q

计算方法：

(1) 如表 3.4.3,将投标利率按由低到高的顺序排列,逐一满足投标数量。

(2) 若到 32 号时,累计投标数量达到本次计划发行量 280 亿元,其对应的投标价位即为本次最高投标价位 4.29%,则其他(33 号－50 号)标位落标。

(3) 计算 1 号到 32 号的投标利率的加权平均,得到最终票面利率:4.23%。

(4) 最后,低于或等于票面利率(4.23%)的标位,按面值(100 元)承销;高于票面利率 20 个以内(含 20 个)的标位(4.23%～4.29%),按各自中标利率与票面利率折算的价格承销,如表 3.4.4 所示。

表 3.4.4　　　　　　　　　　　　边际情况表

边际标位利率	对应的承销价格
4.24	99.739 202 90
4.25	99.693 036 07
4.26	99.524 941 2
4.27	99.357 246 8
4.28	99.245 098 93
4.29	99.112 497 49

最后招标结果如下：

计划招标发行总量:280 亿元

投标量： 451.4亿元
实际发行总量： 280亿元
最高中标价位： 4.29%
最低中标价位： 4.14%
最终票面利率： 4.23%
发行价格： 100元

4 基金模拟运营实验

该实验借助完善的实验教学环境,让整个教学班进行角色扮演型实验,即整个教学班按照分组的形式,成立若干"基金"公司,每个公司内部设有基金经理、行业研究、风险控制以及交易员等职位,每个小组仿照真实基金的运作流程,在一定的教学时期内在模拟实验环境内进行基金的运营实验并做报告。实验最终目的是让学生在模拟环境中对基金运营的流程进行深入了解,并充分体验各个职位在基金公司中的作用,为其未来职业发展规划夯实基础。

该实验是教学环节中唯一一个需要多个软件系统配合的实验,所以独立以实验本身为章节单位进行阐述。具体在实践中,采用叩富平台和自行研发的基金模拟管理系统进行展开。

4.1 叩富平台说明

本实验为实验开展的便利性考虑,采用叩富(cofool)平台进行整个实验的基础交易构建。叩富平台是中国最大的免费证券模拟交易运营商之一,也是上海证券交易所推荐的投资教育专业训练网站。该平台不仅能够较好地支持现有证券市场的现券交易,而且能够提供网页端、PC端和手机移动端多平台支持,还能为模拟教学提供成绩评定和交易排名服务,非常适合基金模拟运营实验的开展。

在实验开始前,首先对平台的使用进行简要说明。具体的操作分为教师端和学生端操作。

4.1.1 教师端

教师注册根据相关窗口进行,为实验方便起见,具体的用户名可以和实验相关。然后在下一步的操作中登记常用邮箱,便于找回密码。然后注册,即成功。

图 4.1.1　叩富平台提供服务一览表

图 4.1.2　叩富平台注册

图 4.1.3　叩富平台创建账户一

图 4.1.4　叩富平台创建账户二

注册成功后,教师需要进行课程设立。点击返回页面最上方的个人中心,然后点击屏幕中间部分的课程链接,即进入课程管理界面。再点击"创建课程",即可创建新课程。

图 4.1.5　叩富平台创建账户三

图 4.1.6　叩富平台创建账户四

图 4.1.7　叩富平台创建账户五

创建新课程时,需要填写所在学校、班级信息和比赛时间,同时调整单个账户的资产额度,最高可达1 000万元。为防止干扰,可以设置验证问题,限制班级内同学进行操作。所有信息提交后,等待管理人员审核1～2个工作日即可,结果会以邮件形式返回。

至此,教师端的操作完成。

4.1.2 学生端

学生按照同样的流程进行账户注册,然后在注册成功后,在首页选择"课程实练",即可在右侧选择自己的学校进行课程选择。

图 4.1.8 叩富平台学生端课程寻找

图 4.1.9 叩富平台学生端课程选择

如果教师设置了问题验证,则学生需要回答完问题后才可加入班级。加入班级后,点击"进入交易",即可进行在线交易。同时也可以下载其他平台的交易软件,可以方便地在PC、网页和移动端进行交易。

班级名称	课程开始/结束时间	人数	平均收益率	班级荣誉榜	班级成绩榜	报名
1班	2016.09.23-2017.01.31	1人	0.00%	查看	查看	进入交易

图 4.1.10 叩富平台学生端课程交易

至此,学生端的操作介绍完毕。

4.2 基金模拟运营系统

该系统为投资学课程量身定制,可以在课堂上完美地模拟真实基金公司的具体业务操作流程。该系统可以很好地将金融学理论和具体实务操作结合,无论是提高投资学课程教学质量,还是提高学生的学习兴趣、提高其动手能力,均有极大的帮助。

该系统能做到交易和运营分离,其中交易部分可以选择自主撮合系统,也可以选择其他交易系统(比如叩富)。为简化流程操作和后续的排名分析,这次交易部分采用叩富平台进行实验讲解。而具体的操作和实验相关,所以该软件系统的使用在后续实验中进行。

4.3 实验设置

本实验完全模拟基金公司的实际运营和操作流程,让整个教学班级体验基金运转中的各个环节,并在模拟仿真环境的基础上进行宏观经济和行业研究、投资计划制定、风险管理与合规以及具体交易与实现等几个基金工作中最重要的岗位运营,让学生在具体的实验中学习并进行科学化、专业化以及规范化的投资操作,在提高个人能力的同时增强团队意识,为未来的职业规范夯实基础。

实验首先以周为单位设立开始时点和结束时点,需要对全班进行分组,每组 5 至 10 人,职位有:基金经理,风险控制,交易员,研究员。视具体教学时间和人数而定。每个人都有自己的岗位设定,具体如下:

- 研究员(2~3 人):分析宏观形势、行业和股票,撰写相关报告。
- 基金经理(1~2 人):审核研究员上传的报告,根据其内容确定股票池及目标仓位。

- 风险控制(1~2 人):审核基金经理的目标仓位是否符合风控要求。
- 交易员(1~3 人):完成风控审核后的目标仓位,在两周内以合适的价格完成交易指令。

4.4 实验流程

具体的实验可以分为基金设立、基金运营和基金总结三大过程。首先进行基金设立,全体组员共同研究宏观经济和微观市场情况,撰写一份基金成立报告,具体内容包括经济与市场环境摘要、基金名称、基金类型(偏股、偏债和混合型)、简要投资计划、预期收益等。然后每个组在叩富平台开设一个账户作为基金主账户,在教师处进行登记。

同时也需要在基金模拟运营系统中进行主基金账户注册,并根据相关的情况进行填写。

然后登录界面点击"注册"按钮,在出现的注册界面里进行相关操作。须注意选择自己所在班级,否则成绩计算会有问题。

图 4.4.1 基金模拟系统账户设置

无论主账户还是子账户,都通过登录界面登录,然后用主、子账户选项进行区别。如登录错误,会有错误信息提示。

在主账户开好后,可以进行用户子账户的设立,进行子账户管理(主账户可见)。此页面负责主账户关联基金的人事任免。可在"本基金现有人员"里进行人员子账户的添加与

图 4.4.2　基金模拟系统账户登录设置

图 4.4.3　基金模拟系统主界面

删除。删除操作须点选人员高亮,然后点击"删除"按钮。

而在"基金人员人事变更"里可以对现有人员进行职务变更,具体操作:先在"变更职务"下拉框里点选目标职务,然后在列表里点选具体人员高亮,最后点击"职务变更"即可。

当基金开设成功并成功分配账户后,即开始进入运营状态。每个岗位的学生各司其职,进行基金运营工作,具体流程为:

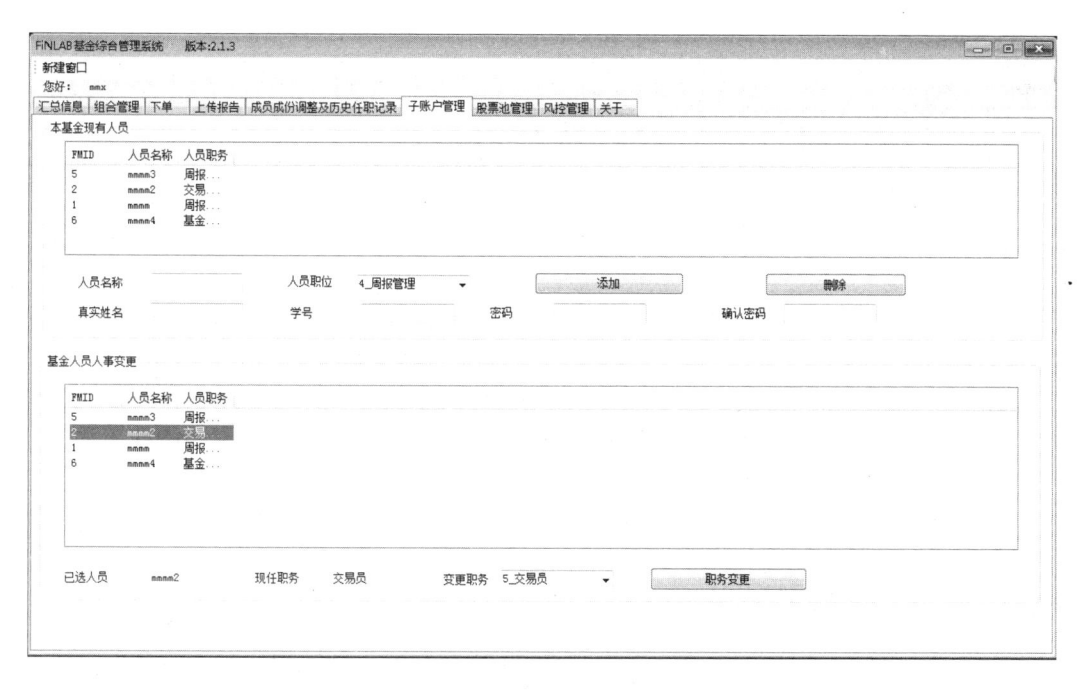

图 4.4.4　基金模拟系统子账户申请

第一步,研究员根据具体的经济和市场情况,撰写行业报告,进行股票推介,并利用基金子账户进行相关的报告提交操作。

具体操作:点击软件中的"上传报告",此页面负责研究员的报告管理。首先在下拉框里选择报告类型,然后点击"上传报告"来选择报告文件进行上传,上传的文件初始状态是"已报",经基金经理审阅后会在列表的报告状态里显示状态改变。如被批准,即为"已批",如被否决为"已否"。用户可选择点击"刷新报告记录"按钮,进行即时状态改变的更新。

图 4.4.5　基金模拟系统上传报告界面

第二步,基金经理阅读所有的行业报告,在推介的股票中构建股票池,并给出合理的配置权重,撰写投资报告。具体在页面上点击"股票池管理"。

图 4.4.6　基金模拟系统股票池界面

首先是对现有研究报告进行审阅批复。点选高亮需要阅读的研究报告,也可以通过其状态来判断是否已通过审阅,选中后点击"下载报告",保存至本地阅读,阅毕即可对其进行"通过"或者"否决"操作。

在存在审批通过的研究报告后即可以进行股票池的添加操作。在"删除选中股票"按钮的右边的文本框里输入股票的代码直至出现股票的正确名称,确认无误后,在点选状态为"已批"的研究报告高亮进行股票和报告的关联,最后点击"添加股票",即可完成股票池的添加,同时也可以对股票池里的选中股票进行点击"删除选中股票"的删除操作。

在有股票池数据后,即可以进行调仓报告申请操作。具体操作分为五步。第一步,在"调仓管理"里根据"现有目标持仓"和"现有可用股票"分析与调整计划,所有调整计划必须在"现有可用股票"的范围内。点选高亮具体股票,再在"数目"里进行目标数量设置,随后点击"≫"按钮,即可实现计划添加,此时具体的计划条目就会加入"调整股票目标"里,也可以在里面点选具体的计划条目,再点击"≪"按钮来进行计划条目的删除。第二步,进行调仓报告的上传,在"现有调仓报告"里点击高亮任一报告,然后点击"下载报告",可以保存至本地进行报告的阅读;点击"上传报告",然后选择对应报告,即可实现调仓报告的上传,上传报告的初期状态是"关联中……"。当"调整股票目标"里有具体计划股票数量条目时,点选相应处于"关联中……"状态的对应调仓报告高亮,再点击"上报计划"按钮,即可以实现调仓报告的上报。同时对应关联文件的状态也会变为"已报"。如果风控员审阅后,调仓报告状态会变成"已审"或"已否"。

第三步,风险控制人员阅读基金经理的投资报告,根据基金风格和仓位设置情况,审查基金经理的合理性,并给出相应的风险控制说明。点击"风险管理"选项卡(如图 4.4.7 所示)。

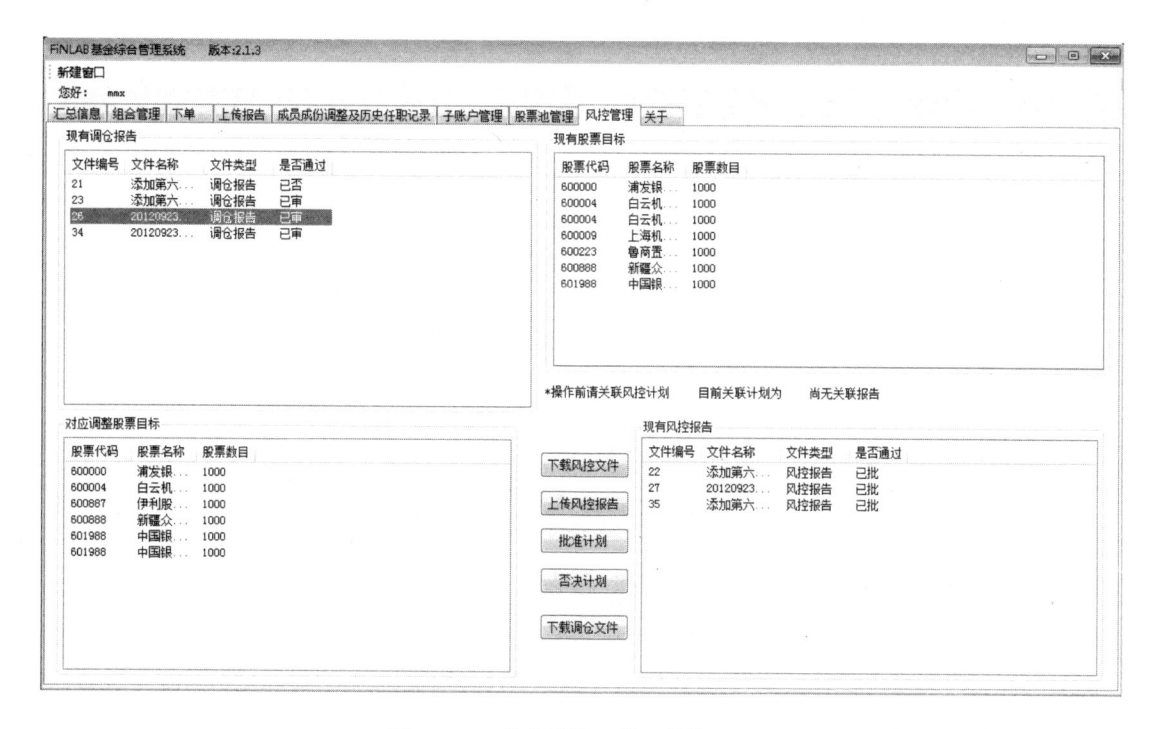

图 4.4.7 基金模拟系统风控管理界面

右上角的"现有股票目标"可以进行现有股票目标的查询。而点选"现有调仓报告"里的报告,即可以在"对应调整股票目标"里获取对应的股票调整计划。而在点击"现有调仓报告"高亮的情况下再点击"下载调仓文件",可以下载调仓报告阅读。而点击"上传风控报告",即可上传具体针对某计划的风控文件。刚上传的风控文件的状态为"关联中……"。如风控人员想对某个计划进行审阅,需要首先点击"现有调仓报告"里状态为"已报"的调仓报告高亮,然后再点击状态在"关联中……"的风控报告进行关联,然后点击"批准计划"或者"否决计划"按钮进行审阅,经过风控员审阅后,调仓报告状态会变成"已审"或"已否"。在"已否"情况下该计划不会影响"现有股票目标",如果是最近一次处于"已审"状态,则该计划自动更新为"现有股票目标"。

第四步,交易员根据基金的建仓计划,选择合适的时点完成相关交易过程,并撰写交易简报,同时每天风控人员需要对交易情况进行审核,撰写风控简报。点击"下单"页面,此页供基金的交易员进行专门操作。

其中右下角的"目前持仓情况"与"目标持仓计划"反映了基金的目标和目前完成情况。

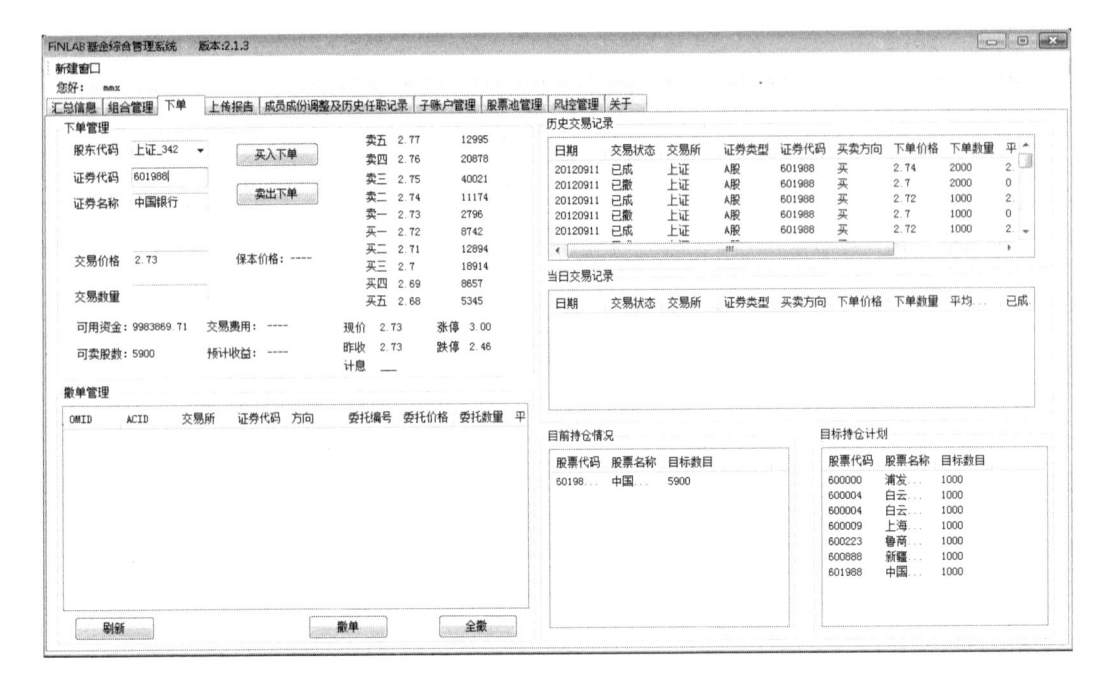

图 4.4.8　基金模拟系统下单界面

如果使用自带的交易软件，"下单管理"负责具体交易操作，用户需要在"证券代码"里输入具体需要交易的证券代码，如输入正确，系统会自动填充余下信息。用户可根据实际情况进行买入和卖出操作。对于具体错误系统会给出弹窗提示。"撤单管理"负责所有当日已报、合法但未成交的单情况，可以对其进行选中并点击"撤单"或者是直接点击"全撤"来进行单管理。而点击此处的"刷新"按钮，可以进行全系统的即时信息更新。"当日交易记录"和"历史交易记录"负责记载所有的交易情况，当一个交易日完成，"当日交易记录"会转移至"历史交易记录"并清空。

如果使用叩富交易平台，则独立结算，交易目标相当于参考作用。同时风险控制人员负责审核每天的交易情况，在此不赘述。

第五步，每个周期以第一至第四步进行，一个周期1～2周，每个周期完成后，基金经理撰写周期简报，最后对每一个成员（不包括自己）打分及说明原因。同时进行岗位轮换，即由新同学担任新职务，具体轮换规则自行设定。然后进行下一周期的投资。一个实验大致进行若干周期，以全组组员均参与过不同岗位为宜。

点击"成员成份调整及历史任职记录"（如图 4.4.9 所示），此页面可以详细获取账户所在基金的人事变动情况。

最后，在基金时点结束后，全组人员集体撰写基金总结报告，从收益、风险、人员安排、团队情况等多个维度去总结基金模拟运营的过程。同时准备5～15分钟展示，让各个小组进行心得和成果分享。

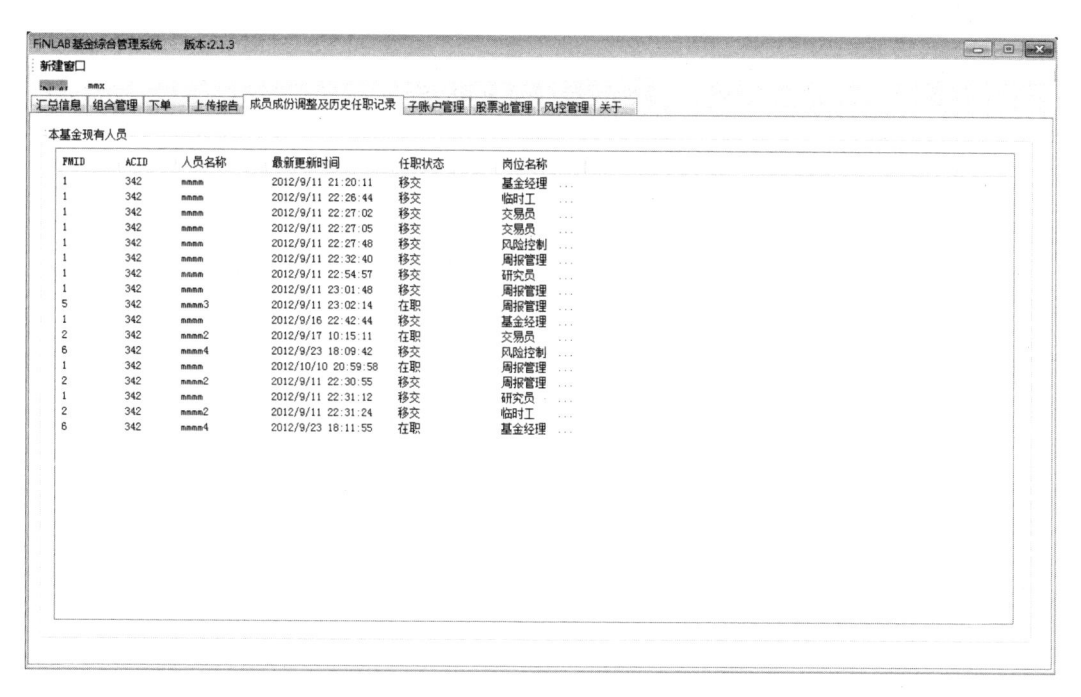

图 4.4.9　基金模拟系统人员管理历史界面

4.5　实验评定

最后对参与实验的学生,按报告质量、基金业绩、个人表现和最后的展示综合进行分数评定,具体如表 4.5.1 所示。

表 4.5.1　　　　　　　　　基金模拟运营实验评分表

基金模拟运营实验评分表		
总项	分项	分数
个人岗位(25分)	研究员岗位表现(8分)	
	风险控制岗位表现(8分)	
	交易员岗位表现(9分)	
报告质量(25分)	报告逻辑(8分)	
	报告规范(8分)	
	报告价值(9分)	
基金业绩(25分)	基金目标完成度(8分)	
	基金净值波动情况(8分)	
	基金净值收益情况(9分)	

(续表)

基金模拟运营实验评分表

总项	分项	分数
总结展示(25分)	展示内容(8分)	
	展示仪态(8分)	
	展示逻辑(9分)	
总分(100分)		

具体评定不限于上表内容,可以结合岗位实践进行。

第二部分

投资学核心内容案例实验教程

实验案例一　最优投资组合选择
实验案例二　使用中国证券市场数据构建资本资产定价模型
实验案例三　债券组合管理模型
实验案例四　二叉树期权定价模型
实验案例五　最优投资组合
实验案例六　债券组合管理模型
实验案例七　Black-Scholes 期权定价模型
实验案例八　Fama-French 三因素模型
实验案例九　投资组合业绩评价
实验案例十　公司价值评估

实验案例一

最优投资组合选择

1. 实验目的

绘制风险资产的最小方差边界、有效边界及最优资本配置线,寻找有效边界上的最优风险资产组合。

2. 实验软件

Wind,Excel

3. 实验方案设计

以 10 只股票和 1 个无风险资产为例,绘制风险资产的最小方差边界、有效边界及最优资本配置线,寻找最优风险资产组合。

3.1 选择 10 只股票,计算每只股票 2013 年每天的收益率。无风险资产收益率以七天回购移动平均利率(周)为例,除以 260 个交易日,转换为日收益率 r_f。

3.2 计算每只股票 2013 年日平均收益率。

3.3 根据每只股票的收益率序列计算两两之间的样本方差和协方差矩阵。

3.4 对这 10 只股票赋以初始权重,计算出风险资产组合的期望收益率 Mean、标准差 SD,以及与无风险资产相连的资本配置线的斜率(Sharpe Ratio)。

3.5 运用 Excel 的规划求解工具,求得有效边界的起点(全局最小方差组合)。

3.6 通过规划求解工具,在一组变动的期望收益率序列下,求得对应的方差最小化的风险资产组合序列,以绘制最小方差边界。

3.7 运用规划求解工具,求得最优风险资产组合,即使得资本配置线的斜率(Sharpe Ratio)最大化的风险资产组合。

3.8 无风险资产点与最优风险资产组合点的连线为最优资本配置线,并绘制最优资本配置线。

4. 实验过程(实验步骤、记录、数据、分析)

4.1 采集选择股票的价格数据。

选择了深证10只股票,分别是：平安银行、国农科技、深振业A、宝利来、中国宝安、深物业A、沙河股份、深康佳A、中冠A、深华发A。选择Wind数据库"股票"选项,从"行情序列"中选择这10只股票并导出2013年的日收盘价格数据(后复权)(见图1.1)。

	A	B	C	D	E	F	G	H	I	J	K
1		000001.SZ	000004.SZ	000006.SZ	000008.SZ	000009.SZ	000011.SZ	000014.SZ	000016.SZ	000018.SZ	000020.SZ
2		平安银行	国农科技	深振业A	宝利来	中国宝安	深物业A	沙河股份	深康佳A	中冠A	深华发A
3	2013-01-04	578.411	32.999	141.559	26.867	33.965	22.788	44.165	32.005	11.289	10.791
4	2013-01-07	589.625	33.324	141.272	27.044	34.314	22.629	44.379	32.210	11.861	10.931
5	2013-01-08	578.773	33.689	145.866	27.474	34.159	22.788	44.967	32.414	12.103	11.072
6	2013-01-09	573.708	33.689	143.856	27.879	34.741	22.533	45.501	32.619	12.190	11.072
7	2013-01-10	574.070	33.527	145.292	28.057	34.741	22.597	44.700	33.334	12.017	11.054
8	2013-01-11	562.133	34.665	139.836	27.500	33.499	21.608	42.670	32.210	11.705	10.879
9	2013-01-14	618.201	35.356	144.430	27.981	34.470	22.246	43.898	32.925	12.017	11.772
10	2013-01-15	637.012	35.843	144.430	27.981	35.634	22.437	44.379	33.130	12.034	11.930
11	2013-01-16	644.608	34.949	141.272	27.652	35.634	22.150	43.471	33.232	12.086	11.667
12	2013-01-17	641.714	34.421	141.559	29.044	34.780	22.182	43.685	32.721	12.380	11.439
13	2013-01-18	663.056	34.990	148.737	28.968	35.945	24.033	48.064	34.766	12.484	11.947

图1.1 10只股票日收盘价格数据

4.2 计算每只股票2013年每天的收益率。

按照公式 $r_t = \ln \dfrac{p_{t+1}}{p_t}$ 计算日收益率,其中 p_{t+1}、p_t 是日收盘价格。结果如图1.2所示。

	A	B	C	D	E	F	G	H	I	J	K
2		平安银行	国农科技	深振业A	宝利来	中国宝安	深物业A	沙河股份	深康佳A	中冠A	深华发A
3	2013-01-07	1.92%	0.98%	-0.20%	0.66%	1.02%	-0.70%	0.48%	0.64%	4.94%	1.29%
4	2013-01-08	-1.86%	1.09%	3.20%	1.58%	-0.45%	0.70%	1.32%	0.63%	2.02%	1.27%
5	2013-01-09	-0.88%	0.00%	-1.39%	1.46%	1.69%	-1.13%	1.18%	0.63%	0.71%	0.00%
6	2013-01-10	0.06%	-0.48%	0.99%	0.63%	0.00%	0.28%	-1.78%	2.17%	-1.43%	-0.16%
7	2013-01-11	-2.10%	3.34%	-3.83%	-2.01%	-3.64%	-4.48%	-4.65%	-3.43%	-2.63%	-1.60%
8	2013-01-14	9.51%	1.97%	3.23%	1.73%	2.86%	2.91%	2.84%	2.20%	2.63%	7.89%
9	2013-01-15	3.00%	1.37%	0.00%	0.00%	3.32%	0.86%	1.09%	0.62%	0.14%	1.33%
10	2013-01-16	1.19%	-2.53%	-2.21%	-1.18%	0.00%	-1.29%	-2.07%	0.31%	0.43%	-2.23%
11	2013-01-17	-0.45%	-1.52%	0.20%	4.91%	-2.43%	0.14%	0.49%	-1.55%	2.41%	-1.97%
12	2013-01-18	3.27%	1.64%	4.95%	-0.26%	3.29%	8.02%	9.55%	6.06%	0.84%	4.35%

图1.2 10只股票日收益率数据

4.3 使用Excel的Average函数公式,计算每只股票2013年的日平均收益率(见图1.3中最后一行)。

4.4 根据10只股票的日收益率序列计算收益率的方差—协方差矩阵。

实验案例一　最优投资组合选择

	A	B	C	D	E	F	G	H	I	J	K
2		平安银行	国农科技	深振业A	宝利来	中国宝安	深物业A	沙河股份	深康佳A	中冠A	深华发A
231	2013-12-19	-2.06%	-1.34%	-4.11%	-0.11%	-0.11%	-2.03%	-0.89%	-1.54%	-1.38%	-3.51%
232	2013-12-20	-4.84%	1.60%	-3.89%	0.11%	-2.62%	-2.07%	-1.19%	-1.57%	0.92%	-4.72%
233	2013-12-23	0.34%	0.00%	0.20%	2.18%	0.22%	-0.39%	0.00%	0.52%	1.03%	-2.05%
234	2013-12-24	-2.11%	0.79%	0.79%	1.33%	-0.33%	1.43%	3.25%	-1.05%	0.68%	1.89%
235	2013-12-25	0.17%	1.56%	-0.79%	-3.62%	1.10%	0.90%	-0.29%	1.83%	0.79%	1.55%
236	2013-12-26	-2.33%	-3.42%	-4.87%	-5.18%	-0.22%	-2.33%	-2.96%	-3.70%	0.11%	-2.97%
237	2013-12-27	2.59%	2.99%	1.65%	-0.56%	1.20%	1.30%	0.80%	0.27%	4.92%	2.19%
238	2013-12-30	-0.09%	0.26%	1.62%	0.56%	0.00%	0.00%	1.18%	2.13%	1.17%	1.23%
239	2013-12-31	4.25%	0.60%	-0.81%	-0.22%	2.57%	1.03%	0.68%	1.57%	0.84%	0.31%
240	日平均收益率	0.09%	0.15%	0.03%	0.22%	0.09%	0.04%	0.09%	0.09%	0.16%	0.03%

图 1.3　10 只股票平均日收益率数据

首先应用 Excel 的"数据分析—协方差"工具，计算出方差和协方差。但这是按照总体的计算方法算出的，对有限样本来说是有偏的，应对其进行自由度调整（当大样本时，可不进行调整）。调整之后方差和协方差矩阵的结果如图 1.4 所示：

M	N	O	P	Q	R	S	T	U	V	W
	平安银行	国农科技	深振业A	宝利来	中国宝安	深物业A	沙河股份	深康佳A	中冠A	深华发A
平安银行	0.0009	0.0002	0.0003	0.0001	0.0003	0.0004	0.0004	0.0002	0.0002	0.0002
国农科技	0.0002	0.0008	0.0002	0.0002	0.0002	0.0002	0.0002	0.0001	0.0002	0.0002
深振业A	0.0003	0.0002	0.0006	0.0001	0.0002	0.0005	0.0005	0.0003	0.0001	0.0003
宝利来	0.0001	0.0002	0.0001	0.0009	0.0002	0.0002	0.0002	0.0001	0.0001	0.0002
中国宝安	0.0003	0.0002	0.0002	0.0002	0.0007	0.0003	0.0004	0.0003	0.0001	0.0002
深物业A	0.0004	0.0002	0.0005	0.0002	0.0003	0.0008	0.0007	0.0003	0.0001	0.0003
沙河股份	0.0004	0.0002	0.0005	0.0002	0.0004	0.0007	0.0012	0.0004	0.0001	0.0003
深康佳A	0.0002	0.0001	0.0003	0.0001	0.0003	0.0003	0.0004	0.0005	0.0001	0.0002
中冠A	0.0002	0.0002	0.0001	0.0001	0.0001	0.0001	0.0001	0.0001	0.0004	0.0002
深华发A	0.0002	0.0002	0.0003	0.0002	0.0002	0.0003	0.0003	0.0002	0.0002	0.0005

图 1.4　股票收益率的方差—协方差矩阵（无偏）

4.5　求解有效边界的初始设置条件（见图 1.5）。

	A	B	C	D	E	F	G	H	I	J	K	L	M	N
1	无风险利率	3.4427%	wi	w1	w2	w3	w4	w5	w6	w7	w8	w9	w10	
2	日无风险利率	0.013%		1.0000	1.0000	1.0000	1.0000	1.0000	1.0000	1.0000	1.0000	1.0000	1.0000	
3		wj		平安银行	国农科技	深振业A	宝利来	中国宝安	深物业A	沙河股份	深康佳A	中冠A	深华发A	日平均收益率
4	w1	0.1000	平安银行	0.0009	0.0002	0.0003	0.0001	0.0003	0.0004	0.0004	0.0002	0.0002	0.0002	0.090%
5	w2	0.1000	国农科技	0.0002	0.0008	0.0002	0.0002	0.0002	0.0002	0.0002	0.0001	0.0002	0.0002	0.152%
6	w3	0.1000	深振业A	0.0003	0.0002	0.0006	0.0001	0.0002	0.0005	0.0005	0.0003	0.0001	0.0003	0.029%
7	w4	0.1000	宝利来	0.0001	0.0002	0.0001	0.0009	0.0002	0.0002	0.0002	0.0001	0.0001	0.0002	0.223%
8	w5	0.1000	中国宝安	0.0003	0.0002	0.0002	0.0002	0.0007	0.0003	0.0004	0.0003	0.0001	0.0002	0.092%
9	w6	0.1000	深物业A	0.0004	0.0002	0.0005	0.0002	0.0003	0.0008	0.0007	0.0003	0.0001	0.0003	0.038%
10	w7	0.1000	沙河股份	0.0004	0.0002	0.0005	0.0002	0.0004	0.0007	0.0012	0.0004	0.0001	0.0003	0.092%
11	w8	0.1000	深康佳A	0.0002	0.0001	0.0003	0.0001	0.0003	0.0003	0.0004	0.0005	0.0001	0.0002	0.090%
12	w9	0.1000	中冠A	0.0002	0.0002	0.0001	0.0001	0.0001	0.0001	0.0001	0.0001	0.0004	0.0002	0.162%
13	w10	0.1000	深华发A	0.0002	0.0002	0.0003	0.0002	0.0002	0.0003	0.0003	0.0002	0.0002	0.0005	0.026%
14	sum	1		3.1203E-05	2.5E-05	3.1E-05	2.2E-05	3E-05	3.7E-05	4.3E-05	2.5E-05	1.7E-05	2.6E-05	
15		0.0010	Mean											
16		0.0170	SD											
17		0.0508	Slope											
18			组合期望收益	0.14%										

图 1.5　求解有效边界的初始设置

图 1.5 中：

无风险利率 B1 采用的是七天回购移动平均利率（年化），按 260 个交易日换成日无风险利率 B2。

C3-M13 表格区域显示的是 10 只股票收益率的无偏方差—协方差矩阵。

B4-B13 是给每只股票任意赋予的投资比例权重（图 1-5 中初始设置为等权重）；B14＝B4＋…＋B13＝1。

D2-M2 是 B4-B13 的转置，同样对应每只股票的投资比例权重。

D14-M14 计算的是组合方差的一部分，$\sigma_{pi}^2 = \sum_{j=1}^{10} w_i w_j Cov(r_i, r_j)$。以 D14 为例，Excel 公式为 D14＝D2＊SUMPRODUCT（＄B＄4：＄B＄13,D4：D13）。其他依次类推。

B16 是组合的标准差 $\sqrt{\sigma_p^2} = \sqrt{D14+\cdots+M14}$，其中：

$$\sigma_P^2 = \sum_{i=1}^{10}\sum_{j=1}^{10} w_i w_j Cov(r_i, r_j) = D14+\cdots+M14$$

B15 是组合期望收益率 $E(r_p) = \sum_{j=1}^{10} w_j E(r_j)$。

Excel 公式为 B15＝SUMPRODUCT（＄B＄4：＄B＄13,N4：N13）。

B17 是连接资产组合与无风险资产的资本配置线的斜率（Sharpe Ratio）。

D18 是外生给定的变动的组合期望收益率。

4.6 求解风险资产有效边界的起点（全局最小方差组合）。

应用 Excel 规划求解工具，最小方差组合对应最小化单元格 B16，可变单元格为 10 只股票的权重向量 B4-B13。设置的约束条件是：$\sum$ 每只股票权重＝1；每只股票的权重≥0（在允许卖空的情况下不需要这一项），具体设置如图 1.6 和图 1.7 所示。

图 1.6 不允许卖空

由规划求解工具，分别求出不允许卖空和允许卖空时最小方差组合中各个股票的权重，并计算出组合的期望收益率和标准差（见表 1.1）。

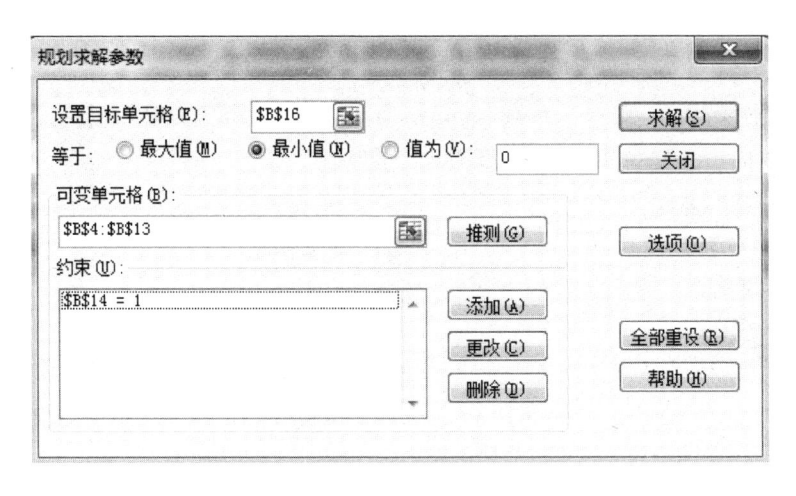

图 1.7　允许卖空

表 1.1　　　　　　　　　　　最小方差组合的权重和收益率特征

	不允许卖空	允许卖空
组合期望收益率	0.001 2	0.001 2
组合标准差	0.015 0	0.014 9
个股权重		
平安银行	0.039 0	0.045 6
国农科技	0.071 5	0.067 8
深振业 A	0.121 9	0.190 4
宝利来	0.130 9	0.132 8
中国宝安	0.014 2	0.028 0
深物业 A	0.000 0	−0.066 5
沙河股份	0.000 0	−0.053 3
深康佳 A	0.184 0	0.206 3
中冠 A	0.320 3	0.313 1
深华发 A	0.118 1	0.135 8

4.7　求出风险资产最小方差边界。

通过 Excel 的规划求解工具,在给定一组变动的组合目标期望收益率条件下,最小化风险资产组合的方差,由此可绘制出最小方差边界。

设置目标是要求组合标准差最小化(B16),可变单元格为 10 只股票的权重;约束条件是 $\sum$ 每只股票权重 = 1;组合期望收益率 Mean = 目标期望收益率(外 D18,外生给定),每只股票的权重≥0(允许卖空时不需要这一项)。具体设置如图 1.8 和图 1.9 所示。

图 1.8 不允许卖空

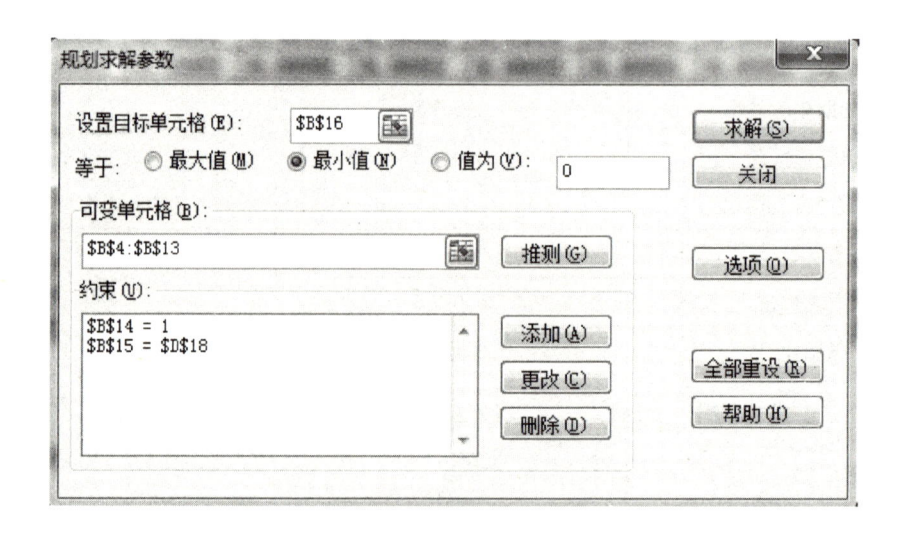

图 1.9 允许卖空

4.8 求解最优风险资产组合。

运用 Excel 规划求解工具,求得最优风险资产组合,即 Sharpe Ratio 最大的组合。因此设置目标是要求连接无风险资产和风险资产组合的直线斜率最大化(B17),可变单元格为 10 只股票的权重;设置的约束条件是 $\sum$ 每只股票权重 $=1$;每只股票的权重$\geqslant 0$(在允许卖空的情况下取消这一项)。

4.9 绘制风险资产的最小方差边界、有效边界及最优资本配置线,以及有效边界上的最优风险资产组合(见图 1.11 和图 1.12)。

4.10 允许卖空和不允许卖空时的对比。

图 1.10　允许卖空时求解最优资产组合

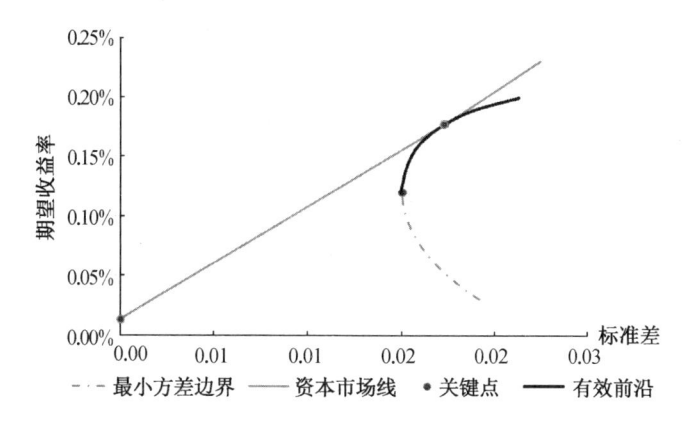

图 1.11　不允许卖空的资本市场线

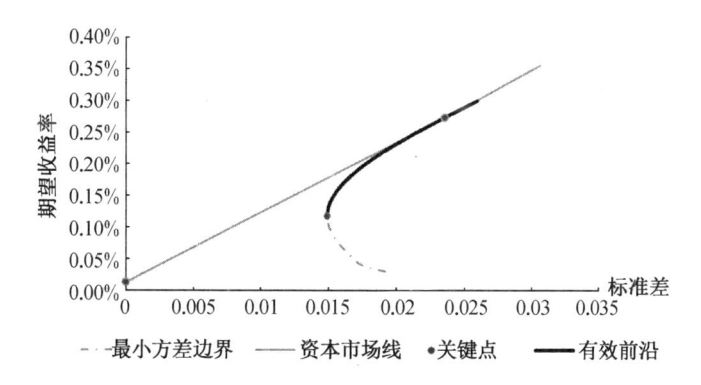

图 1.12　允许卖空的资本市场线

根据之前规划求解方法,对应于相同的期望收益率,所得到的最小方差边界是不同的(见表1.2)。允许卖空时,投资者选择范围更大,最小方差边界组合的标准差要小于不允许卖空时的标准差,即最小方差边界比不允许卖空时更左偏,此时的有效前沿要高于不允许卖空时的有效前沿;资本市场线的斜率要高于不允许卖空时的斜率(见图1.13)。

表 1.2　　　　　　　　　　最小方差边界组合的标准差

期望收益率	不允许卖空时	允许卖空时
0.03%	0.019 2	0.019 2
0.04%	0.018 2	0.017 4
0.05%	0.017 4	0.016 8
0.06%	0.016 8	0.016 3
0.07%	0.016 2	0.015 9
0.08%	0.015 8	0.015 5
0.09%	0.015 5	0.015 2
0.10%	0.015 2	0.015 0
0.11%	0.015 1	0.014 9
0.12%	0.015 0	0.014 9
0.13%	0.015 1	0.014 9
0.14%	0.015 2	0.015 1
0.15%	0.015 5	0.015 3
0.16%	0.015 9	0.015 7
0.17%	0.016 6	0.016 1
0.18%	0.017 6	0.016 6
0.19%	0.019 0	0.017 1
0.20%	0.021 3	0.017 7

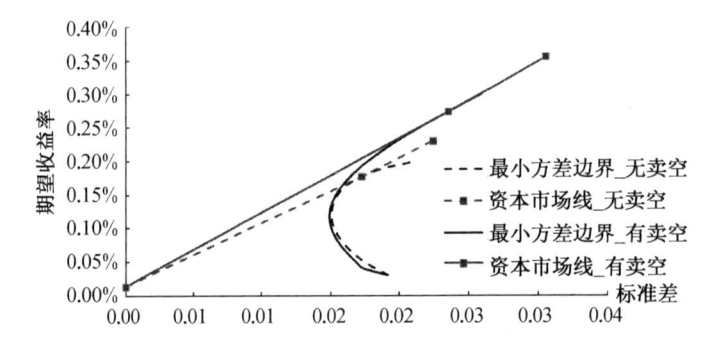

图1.13　允许卖空和不允许卖空时的资本市场线和最小方差边界

实验案例二

使用中国证券市场数据构建资本资产定价模型

1. 实验目的

掌握经典资本资产定价模型,熟悉证券市场线的构成要素及计算过程。

2. 实验软件

Wind,Excel

3. 实验方案设计

在无风险利率存在时,资本资产定价模型 CAPM: $E(r_i)=r_f+\beta_i[E(r_M)-r_f]$

3.1 本实验拟使用沪深300指数作为市场组合的代理组合,25只上证50成分股作为实验证券,选取2012年1月到2014年12月共36个月的月收盘价作为历史价格数据。

3.2 计算2012年2月到2014年12月共35个月的月收益率,以此对沪深300指数月收益率进行第一次回归,估计每个证券各自的β。

3.3 把每一证券的平均收益率对各自的β进行第二次回归,做出证券市场线,验证CAPM模型的表现。

3.4 最后对模型及回归结果进行分析。

4. 实验过程(实验步骤、记录、数据、分析)

4.1 采集沪深300指数和上证50成分股中的25只股票的收盘价格

使用Wind数据库"股票"选项,并在多维数据中选择"行情序列"。选择沪深300指数和上证50成分股中的25只股票作为实验对象,采集从2012年1月到2014年12月共36个月的月收盘价,导出到Excel表中(见图2.1)。

4.2 第一步回归

首先通过 Excel 计算其收益率 $r=\ln(Pt)-\ln(P_{t-1})$，将历史价格数据转换成收益率数据(对数收益率)。每只股票对沪深 300 指数的收益率进行回归，求截距 Alpha、斜率 Beta 和 R^2(见图 2.2)。其中，Alpha 的计算使用 INTERCEPT 函数，Beta 系数使用 SLOPE 函数，判定系数 R^2 使用 RSQ 函数。

	A	B	C	V	Y	Z	AA
1	25只上证50成分股和沪深300指数的历史价格数据（2012年1月-2014年12月）						
2	日期	000300.SH	600000.SH	601088.SH	601336.SH	601668.SH	601766.SH
3		沪深300	浦发银行	中国神华	新华保险	中国建筑	中国南车
4	2012年1月	2464.26	61.36	28.85	30.53	3.15	4.69
5	2012年2月	2634.14	63.49	29.65	29.77	3.35	5.03
6	2012年3月	2454.90	59.43	27.52	28.71	3.13	4.53
7	2012年4月	2626.16	62.63	28.90	33.97	3.46	5.12
8	2012年5月	2632.04	58.37	27.95	32.71	3.44	5.03
30	2014年3月	2146.31	70.82	16.33	20.47	3.15	4.92
31	2014年4月	2158.66	71.18	16.78	20.28	3.25	4.65
32	2014年5月	2156.46	69.73	16.91	20.53	3.27	4.60
33	2014年6月	2165.12	70.77	17.17	21.44	3.20	4.91
34	2014年7月	2350.25	76.64	19.34	25.32	3.57	5.76
35	2014年8月	2338.29	74.06	18.92	24.77	3.57	5.68
36	2014年9月	2450.99	76.25	19.58	25.01	3.85	5.84
37	2014年10月	2508.33	79.77	19.06	30.08	3.95	6.44
38	2014年11月	2808.82	96.97	20.12	42.79	4.75	6.44
39	2014年12月	3106.91	98.93	22.04	40.43	5.69	6.44

图 2.1　沪深 300 指数和上证 50 成分股中的 25 只股票收盘价数据

	A	B	C	W	X	Y	Z
1	25只上证50成分股和沪深300指数的收益率数据（2012年2月-2014年12月）						
2	日期	000300.SH	600000.SH	601117.SH	601118.SH	601336.SH	601668.SH
3		沪深300	浦发银行	中国化学	海南橡胶	新华保险	中国建筑
4	平均收益	0.66%	1.36%	0.78%	0.76%	0.80%	1.69%
5	Beta	1.00	1.12	1.07	1.54	1.33	1.03
6	Alpha	0.00%	0.62%	0.07%	-0.26%	-0.08%	1.01%
7	R^2	1.00	0.68	0.34	0.46	0.41	0.67
8							
9	2012年2月	6.67%	3.41%	13.14%	9.05%	-2.52%	6.31%
10	2012年3月	-7.05%	-6.61%	-14.16%	-18.70%	-3.63%	-6.96%
11	2012年4月	6.74%	5.24%	14.16%	14.28%	16.82%	10.27%
36	2014年5月	-0.10%	-2.07%	-4.88%	0.87%	1.24%	0.66%
37	2014年6月	0.40%	1.49%	-7.22%	6.56%	4.30%	-2.07%
38	2014年7月	8.20%	7.96%	14.62%	6.49%	16.66%	10.75%
39	2014年8月	-0.51%	-3.43%	-3.44%	2.42%	-2.20%	0.00%
40	2014年9月	4.71%	2.91%	13.09%	22.40%	0.94%	7.66%
41	2014年10月	2.31%	4.51%	1.07%	-5.27%	18.48%	2.62%
42	2014年11月	11.31%	19.53%	7.59%	14.62%	35.24%	18.33%
43	2014年12月	10.09%	2.00%	5.21%	2.37%	-5.67%	18.11%

图 2.2　第一步回归结果

对第一步回归的结果进行分析,算出每只证券截距和斜率的 t-统计量,可以看到斜率是显著的(见图 2.3),这说明沪深 300 指数的收益率对各只证券的期望收益率具有显著的解释能力。

	A	B	C	D	E	F
13	截距和斜率的t-统计量					
14		浦发银行	包钢股份	上港集团	中信证券	三一重工
15	截距的t-统计量	0.726754	0.534672	1.009432	1.537892	-2.85725
16	斜率的t-统计量	8.29337	3.305843	2.942752	10.97584	11.64762
17						
18	平均绝对截距的t-统计量	0.73		在自由度为23,5%的显著性水平下,t分布的临界值为1.7139,截距是不显著的,斜率显著		
19	平均斜率的t-统计量	4.94				

图 2.3　截距和斜率的 t-统计量分析

4.3　第二步回归

加载 Excel 数据分析的"回归"分析工具,把每只证券 35 个月的月度平均收益率对各自的 Beta(见图 2.4)进行回归,检验 Beta 的系数(即 Beta 的斜率)是否显著,结果显示 Beta 不能很好地解释证券的平均收益率(见图 2.5)。

	A	B	C	D
1	证券	平均收益	Beta	Alpha
2	浦发银行	1.36%	1.12	0.62%
3	包钢股份	1.36%	0.81	0.83%
4	上港集团	2.52%	0.88	1.93%
5	中信证券	2.81%	1.81	1.61%
6	三一重工	-1.34%	1.49	-2.33%
7	保利地产	1.18%	1.08	0.46%
8	中国联通	-0.16%	0.82	-0.70%
9	特变电工	1.01%	1.17	0.23%
10	上汽集团	1.40%	1.07	0.69%
11	复星医药	2.69%	0.47	2.38%
12	广汇能源	0.23%	0.75	-0.26%
13	白云山	2.12%	0.34	1.89%
14	贵州茅台	0.27%	0.60	0.08%
15	山东黄金	-1.57%	0.60	-1.97%
16	海螺水泥	0.51%	1.03	-0.17%
17	百视通	3.43%	0.74	2.94%
18	三安光电	1.98%	0.25	1.81%
19	东方明珠	2.97%	0.93	2.35%
20	伊利股份	2.06%	0.43	1.77%
21	中国神华	-0.77%	0.92	-1.38%
22	中国化学	0.78%	1.07	0.07%
23	海南橡胶	0.76%	1.54	-0.26%
24	新华保险	0.80%	1.33	-0.08%
25	中国建筑	1.69%	1.03	1.01%
26	中国南车	0.90%	0.77	0.39%

图 2.4　第二步回归数据和设置

由第二步回归,截距的 t-统计量是 2.214 0,斜率的 t-统计量是 −0.529 3。在自由度为 23 且在 5% 的显著性水平下,t 分布的临界值为 1.713 9,因此斜率不显著。

回归统计	
Multiple R	0.1097
R Square	0.0120
Adjusted R Square	-0.0309
标准误差	0.0131
观测值	25

方差分析

	df	SS	MS	F	gnificance F
回归分析	1	0.0000	0.0000	0.2802	0.6017
残差	23	0.0039	0.0002		
总计	24	0.0040			

	Coefficient	标准误差	t Stat	P-value	Lower 95%	Upper 95%	下限 95.0%	上限 95.0%
Intercept	0.0149	0.0067	2.2140	0.0370	0.0010	0.0288	0.0010	0.0288
X Variable 1	-0.0036	0.0068	-0.5293	0.6017	-0.0177	0.0105	-0.0177	0.0105

图 2.5 第二步回归结果

4.4 画出证券市场线

计算每只证券35个月的平均月收益率,并对各自的Beta绘制散点图。第二步回归得到的回归方程就是证券市场线,将其一并在图中显示(见图2.6)。

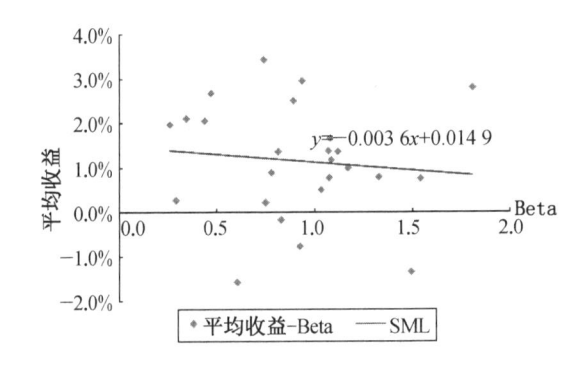

图 2.6 证券市场线

4.5 对CAPM的分析

根据CAPM理论,截距理论上应该为无风险利率0.25%,而第二步回归得到的截距值为1.4%;斜率理论上应该为$E(r_M)-r_f$,根据沪深300指数月收益率计算值为0.41%,而第二步回归实际得到的为-0.3%,偏差较大;根据第二步回归的T统计量,斜率并不显著。由此可见,CAPM模型并没有很好地拟合现实数据,我们验证的结论是CAPM失败了。

4.6 原因分析

4.6.1 CAPM的假设条件很多,可能现实中CAPM本身就不成立,原因可能是市场上限制卖空,投资者没有一致预期。

4.6.2 沪深300指数只是市场组合的代理变量,并且可能市场组合并不是有效组合。

实验案例三

债券组合管理模型

1. 实验目的

利用债券久期构造免疫组合。

2. 实验软件

Excel

3. 实验方案设计

假设需要在10年后按6%的利率偿还一笔债务,债务现值为$1 000。
假设目前市场中有3种债券:

A 10年,6.5%利率,面值1 000;
B 20年,6%利率,面值1 000;
C 30年,5.5%利率,面值1 000。

如何构造免疫策略,哪种方式更好?

免疫策略寻求建立一种几乎是零风险的资产组合,使得利率变动对资产组合的价值没有影响。免疫的关键概念是久期,其思想是久期匹配的资产或负债可以使得资产组合免受利率波动的影响。在债券组合管理中,久期匹配平衡了利息支付累计值再投资风险和债券销售价值价格风险之间的差异。因此,免疫要求资产的久期等于债务的久期。通常可通过四个步骤来构造免疫组合:

A 计算负债久期;
B 计算资产(组合)的久期;
C 使得资产(组合)久期等于负债久期;

D 求得资产价值或资产组合的投资比例。

4. 实验过程(实验步骤、记录、数据、分析)

4.1 计算负债的久期

现有债务是10年后的一次性支付,因此久期是10年。

4.2 计算各个债券的价格和久期

设定市场利率为6%。

首先计算各个债券的价格 $P = \sum_{t=1}^{N} \frac{c_t}{(1+r)^t}$,其中 C_t 为第 t 期的现金流;首先计算每一期的现金流,利用贴现因子计算现金流的贴现价值,再使用Excel的SUM函数计算债券价格,见表3.1。

再计算各个债券久期 $D = \frac{1}{p} \sum_{t=1}^{N} \frac{t \times c_t}{(1+r)^t}$,使用Excel的SUMPRODUCT函数计算债券久期,见表3.2。

表 3-1 债券的价格计算

第n年	现金流			贴现因子	现金流贴现价值		
	债券1	债券2	债券3		债券1	债券2	债券3
1	65	60	55	0.943	61.321	56.604	51.887
2	65	60	55	0.890	57.850	53.400	48.950
3	65	60	55	0.840	54.575	50.377	46.179
4	65	60	55	0.792	51.486	47.526	43.565
5	65	60	55	0.747	48.572	44.835	41.099
6	65	60	55	0.705	45.822	42.298	38.773
7	65	60	55	0.665	43.229	39.903	36.578
8	65	60	55	0.627	40.782	37.645	34.508
9	65	60	55	0.592	38.473	35.514	32.554
10	1 065	60	55	0.558	594.690	33.504	30.712
11		60	55	0.527	0.000	31.607	28.973
12		60	55	0.497	0.000	29.818	27.333
13		60	55	0.469	0.000	28.130	25.786
14		60	55	0.442	0.000	26.538	24.327
15		60	55	0.417	0.000	25.036	22.950
16		60	55	0.394	0.000	23.619	21.651
17		60	55	0.371	0.000	22.282	20.425

(续表)

第n年	现金流 债券1	现金流 债券2	现金流 债券3	贴现因子	现金流贴现价值 债券1	现金流贴现价值 债券2	现金流贴现价值 债券3
18		60	55	0.350	0.000	21.021	19.269
19		60	55	0.331	0.000	19.831	18.178
20		1 060	55	0.312	0.000	330.513	17.149
21			55	0.294	0.000	0.000	16.179
22			55	0.278	0.000	0.000	15.263
23			55	0.262	0.000	0.000	14.399
24			55	0.247	0.000	0.000	13.584
25			55	0.233	0.000	0.000	12.815
26			55	0.220	0.000	0.000	12.090
27			55	0.207	0.000	0.000	11.405
28			55	0.196	0.000	0.000	10.760
29			55	0.185	0.000	0.000	10.151
30			1055	0.174	0.000	0.000	183.686
合计					1 036.80	1 000.00	931.18

表 3.2　　　　　　　　　各个债券的久期(面值 1 000)

	债券1	债券2	债券3
票面利率	6.50%	6.00%	5.50%
到期年限	10	20	30
面值	1 000	1 000	1 000
价格	1 036.80	1 000.00	931.18
久期	7.703	12.158	14.830

4.3 利用单个债券构造相应的免疫策略

设债务现值为 1 000,则未来价值为:$1\,000 \times 1.06^{10} = \$1\,790.85$

对于债券1,每份的现值为:$1\,036.80 \sum_{t=1}^{10} \frac{65}{(1+0.06)^t} + \frac{1\,000}{(1+0.006)^{10}}$

因此,购买面值为 $964.51 = \dfrac{\$1\,000}{\$1\,036.80 \times 1\,000}$ 的债券1,可使得现值为 \$1 000。

同理,计算债券 2、3,可得表 3.3。

表 3.3　　　　　　　　　　　　　各个债券免疫所需面值

	债券 1	债券 2	债券 3
票面利率	6.50%	6.00%	5.50%
到期年限	10	20	30
面值	1 000	1 000	1 000
价格	1 036.80	1 000.00	931.18
价值 1 000 元的面值	964.51	1 000.00	1 073.91

假设在负债到期($t=10$)后,债券的到期收益率不变,即可以按 6% 的利率对利息进行再投资。

对每一份债券 3(面值 \$1 000),利息再投资可获得的收入为 $\sum_{t=0}^{9} 55 \times 1.06^t$,同时债券在 10 年末(距到期日仍有 20 年)的市场价值为 $\sum_{t=1}^{20} \frac{55}{1.06^t} + \frac{1\,000}{1.06^{20}}$,两者加和可得在 10 年末债券 3 能提供的债券总价值为 \$1 667.59。

由于购买了现值为 1 000(面值为 1 073.91)的债券 3,从而在第 10 年末拥有债券 3 的价值为 $\frac{1\,073.91}{1\,000} \times 1\,667.59 = 1\,790.851$。

同理,计算将利息再投资的现值 \$1 000 的债券 1、2、3 在 10 年末的实际财富总额,可得表 3.4。

表 3.4　　　　　各个债券的价格、利息再投资收入和购买面值($t=10$)

	债券 1	债券 2	债券 3
价格	1 000.00	1 000.00	942.65
利息再投资收入	856.75	790.85	724.94
合计	1 856.75	1 790.85	1 667.59
购买份数	96.45%	100.00%	107.39%
债券未来价值	1 790.85	1 790.85	1 790.85

结论:假如市场利率为 6% 不变,若购买现值 1 000 的三种债券,即采取单独购买 0.964 5 份债券 1,或 1 份债券 2,或 1.073 9 份债券 3,这三种方式均能够在 10 年后偿还未来价值为 1 790.85 的债务。

当市场利率变化时,利用 Excel 的模拟运算表 TABLE 进行分析,可得结果如表 3.5 所示。

实验案例三 债券组合管理模型

表 3.5　　利率变化后债券的未来价值

市场利率	债券 1	债券 2	债券 3
0%	1 591.435	2 200	2 845.864
1%	1 620.412	2 101.298	2 563.932
2%	1 650.975	2 016.287	2 335.257
3%	1 683.209	1 943.739	2 150.453
4%	1 717.203	1 882.584	2 001.975
5%	1 753.05	1 831.891	1 883.742
6%	1 790.848	1 790.848	1 790.848
7%	1 830.699	1 758.751	1 719.326
8%	1 872.71	1 734.992	1 665.966
9%	1 916.994	1 719.046	1 628.169
10%	1 963.669	1 710.463	1 603.83
11%	2 012.857	1 708.859	1 591.243
12%	2 064.686	1 713.911	1 589.03
13%	2 119.293	1 725.348	1 596.079
14%	2 176.816	1 742.948	1 611.495
15%	2 237.404	1 766.534	1 634.566

图形如下：

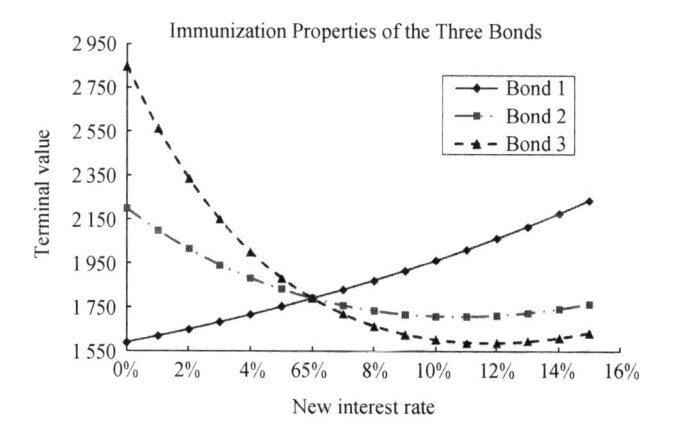

图 3.1　利率变化后债券未来价值

三种债券中，债券 2 的图形最为平缓，这表明对利率变动的敏感性最低；可见，如果购买单种债券，则购买债券 2 最有利于避免利率风险。

4.4 利用债券组合构造免疫策略

性质:债券组合的久期等于以价值为权重的各债券久期的加权平均。

债券组合 A:债券 1、2。

设在债券 1 的投资比例为 λ,使得债券组合的久期为 10 年,即

$$\lambda \times D_{\text{Bond1}} + (1-\lambda) \times D_{\text{Bond2}} = 10 \rightarrow \lambda = 0.4844$$

因此,需在债券 1 上投资 484.4,在债券 2 上投资 515.6,债券组合 A 在 10 年末的价值不发生变化。

债券组合 B:债券 1、3。

设在债券 1 的投资比例为 λ,使得债券组合的久期为 10 年,即

$$\lambda \times D_{\text{Bond1}} + (1-\lambda) \times D_{\text{Bond3}} = 10 \rightarrow \lambda = 0.6777$$

因此,需在债券 1 上投资 677.7,在债券 3 上投资 322.3,债券组合 B 在 10 年末的价值不会变化。

当市场利率变化时,利用 Excel 的模拟运算表 TABLE 进行计算,可得结果如表 3.6 所示。

表 3.6　　利率变化后债券组合的未来价值

市场利率	债券组合 A	债券组合 B
0%	1 905.201	1 995.681 43
1%	1 868.349	1 924.466 521
2%	1 839.324	1 871.488 808
3%	1 817.534	1 833.781 303
4%	1 802.471	1 808.972 458
5%	1 793.699	1 795.166 261
6%	1 790.848	1 790.847 697
7%	1 793.604	1 794.808 027
8%	1 801.705	1 806.085 596
9%	1 814.935	1 823.918 823
10%	1 833.12	1 847.708 79
11%	1 856.12	1 876.989 411
12%	1 883.832	1 911.403 588
13%	1 916.181	1 950.684 124
14%	1 953.121	1 994.638 413
15%	1 994.631	2 043.136 151

两个债券免疫组合的表现比较如图 3.2 所示。

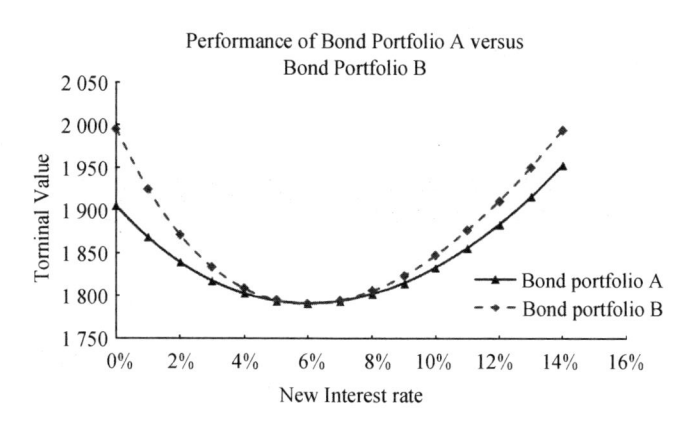

图 3.2 利率变化后债券组合的未来价值

由图 3.2 可发现,债券组合 B(债券 1 和 3)的图形更凸,不管利率如何变化,该债券组合提供给未来债务的超额资金都大于债券组合 A(债券 1 和 2),因此债券组合 B 免疫性更好。

实验案例四

二叉树期权定价模型

1. 实验目的

掌握二叉树期权定价方法,了解二叉树方法和 BS 期权定价方法的联系。

2. 实验软件

Wind,Excel

3. 实验方案设计

上证 50ETF 期权,由中国证监会于 2015 年 1 月 9 日批准上海证券交易所开展股票期权交易试点,期权标的资产为华夏上证 50ETF,代码为 510050,正式上市交易日为 2015 年 2 月 9 日。上证 50ETF 期权有 4 个合约到期月份,为当月、下月及随后两个季度的最后一个月份。

本实验以二叉树模型定价来对上证 50ETF 期权进行定价,方案设计如下:

3.1 下载上证 50ETF 历史数据,计算历史平均收益率,计算历史波动率。

3.2 利用二叉树单期模型计算欧式看涨、看跌期权的价格,以及美式看涨、看跌期权的价格。

3.3 利用二叉树两期和多期模型计算欧式看涨、看跌期权的价格,以及美式看涨、看跌期权的价格。

3.4 作图,描绘出欧式看涨期权价格随周期间隔 n 变化的图形,并和 BS 定价的价格做对照。

4. 实验过程(实验步骤、记录、数据、分析)

4.1 二叉树模型简要介绍

我们以欧式看涨股票期权的单期二叉树模型为例作简要介绍。假设只有一期,期初股

票价格为 S_0，期末股价只有两种状态，或者上涨比例为 u，或者下跌比例为 d，期权行权价格为 K 元，无风险利率假设为 r。同时假设期末股价上升时期权价值为 C_u，股价下降时期权的价值为 Cd。

4.1.1 对冲比率法

对冲比率法的实质是复制，利用股票和货币市场账户完全复制期权。假设投资者期初资产为 0，通过售出一份看涨期权(空头)获得期权费收入，但是面临因股票价格变化而带来的潜在损失风险，他需要确定股票和货币市场投资(或借贷)的头寸，使得期末资产无风险。这一需要的股票头寸就是对冲比率 H，它能使得到期日期权价值的变化被股票价格的变化抵消，即：

$$C_u + HSu = (1+r)(C_0 + HS_0) = C_d + HSd$$

对冲比率 H 的公式是：$H = (C_u - C_d)/(Su - Sd)$

从而看涨期权价格为：$C_0 = \dfrac{C_u + HSu}{1+r} - HS_0$

因此，如果期初卖出一份看涨期权，同时从银行借入一定量的资金买入 H 份股票，这种组合在期末将获得无风险收益，不随股价的涨跌而变化。

4.1.2 风险中性定价法

风险中性定价法的关键概念是风险中性测度。在风险中性的世界里，所有证券的预期收益率都应当是无风险利率；将未来的现金流带来的收益用无风险利率折现，即可以获得现金流的现值。在此框架下，期望报酬率应符合下列公式：

期望报酬率＝(上行概率×上行时收益率)＋(下行概率×下行时收益率)

这两种方法的计算结果一样，其本质上是相通的。

实际上，若保持对冲比率法中的参数假设，期权价格的等价表达方式是：

$$C_0 = \frac{1}{1+r}\left(\frac{1+r-d}{u-d}C_u + \frac{u-1-r}{u-d}C_d\right)$$

上式中的 $\left(\dfrac{1+r-d}{u-d}, \dfrac{u-1-r}{u-d}\right)$ 就是所谓的风险中性测度。

二叉树定价模型的优点还在于不仅可以为欧式期权进行定价，也可以为美式期权进行定价；它的不足之处是可能需要很多的计算量。

4.2 下载历史数据，计算历史波动率

选择到期日为 2017 年 6 月 28 日(距到期日有 198 个自然日)的 50ETF 欧式看涨期权。上证 50ETF 在 2016 年 12 月 13 日的收盘价为 2.371；执行价格为 2.35 的欧式看涨期权当日收盘价为 0.151 8(处于实值状态)。同样执行价格、同样到期日的欧式看跌期权收盘价为

0.107 5(处于虚值状态)。

为估计标的资产波动率,从 Wind 数据库选取了华夏上证 50ETF 自 2016 年 1 月 1 日至 2016 年 11 月 30 日的日收盘价数据。

首先根据公式计算日对数收益率,再对其计算出日收益率的波动率,年波动率=$\sqrt{250}$×日波动率(假设 1 年有 250 个交易日)。

表 4.1　　　　　　　　　　上证 50ETF 的价格(部分)及波动率

代码	日期	前收盘价	收盘价	日收益率	日平均收益率
510050.SH	20160104	2.416	2.278	−0.058 82	0.0000056
510050.SH	20160105	2.278	2.286	0.003 506	年平均收益率
510050.SH	20160106	2.286	2.317	0.013 47	0.001397468
510050.SH	20160107	2.317	2.177	−0.062 33	日标准差
510050.SH	20160108	2.177	2.219	0.019 109	0.012951694
510050.SH	20160111	2.219	2.125	−0.043 28	年标准差
510050.SH	20160112	2.125	2.131	0.002 82	0.204784259
510050.SH	20160113	2.131	2.112	−0.008 96	
510050.SH	20160114	2.112	2.131	0.008 956	
510050.SH	20160115	2.131	2.07	−0.029 04	

4.3　单期二叉树定价模型

由于最新 1 年期国债收益率为 2.5%,故将年无风险利率 r 设为 2.5%,所以设定 198 个自然日的无风险利率为 1.375%。并假设上升比率 $u=1.1$,下降比率 $d=0.97$。需要注意的是,此处的上升比率和下降比率是任意选定的,在多期模型中,u 和 d 的选取依赖于波动率的估计值。

标的资产和看涨期权相应二叉树图如图 4.1 所示。

```
ETF价格:
                  2.6081
         2.3710
                  2.2999

ETF期权价格:
                  0.2581
         假设为c
                  0.0000
```

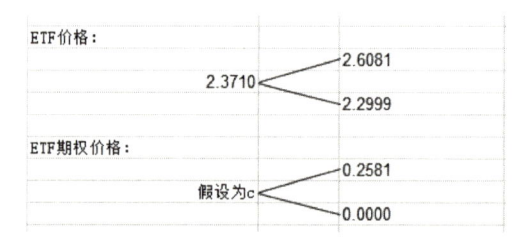

图 4.1　标的资产和看涨期权的单期二叉树图

计算得到对冲比率 $H=0.837\ 4$

所以期权价格 $C_0 = \dfrac{C_u + HSu}{1+r} - HS_0 = 0.085\ 68$

若利用风险中性法,可得到风险中性测度为(0.3365,0.6635),或者将其贴现后可得到状态价格(0.3320,0.6545)。

从而看涨期权价格为:

$$C_0 = 0.2581 \times 0.3320 = 0.08568$$

图 4.2　看跌期权的单期二叉树图

类似地,欧式看跌期权的二叉树见图4.2。

计算可得,欧式看跌期权的价格为0.03281。

将单期二叉树的计算结果与实际的期权交易价格相比较发现,两者之间有较大的差异。

4.4　两期二叉树期权定价模型

现考虑两期的模型。为便于和单期模型比较,我们保持相应的上升和下降比率、无风险利率避免参数不变,只是期权到期日在原有一期的基础上再延长一期,因此此处实际上给出的定价是到期时间为396个自然日的期权价格。

在两期定价模型中,利用风险中性方法,继续利用已有参数计算状态价格(state price)中的 q_U 和 q_D,结果如图4.3所示。

图 4.3　两期二叉树模型的参数和状态价格

标的资产上证50ETF的两期二叉树图如图4.4所示。

图 4.4　上证50ETF的两期二叉树图

下面进行分类讨论,分别求出欧式、美式看涨期权和看跌期权的价格。

4.4.1　欧式看涨期权

欧式看涨期权不能提前执行。首先计算第2期期末的期权价值,然后与分别得到的状态价格相乘并求和,得出前一期(即第1期期末)的期权价值;再根据第1期期末的期权价值重复上述步骤,最终得到期初欧式看涨期权价格。具体计算公式及结果如图4.5所示。

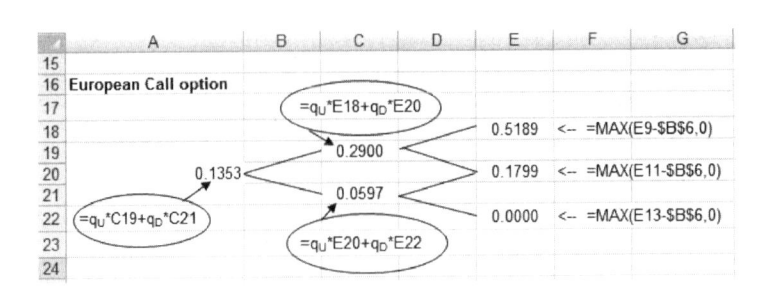

图 4.5　欧式看涨期权的两期二叉树定价模型

4.4.2　欧式看跌期权

欧式看跌期权也不能提前执行。首先计算第 2 期期末的期权价值，然后用前面计算的状态价格进行贴现，得出前一期（即第 1 期期末）的期权价值；再根据第 1 期期末的期权价值贴现最终得到期初欧式看涨期权价格。具体计算结果如图 4.6 所示。

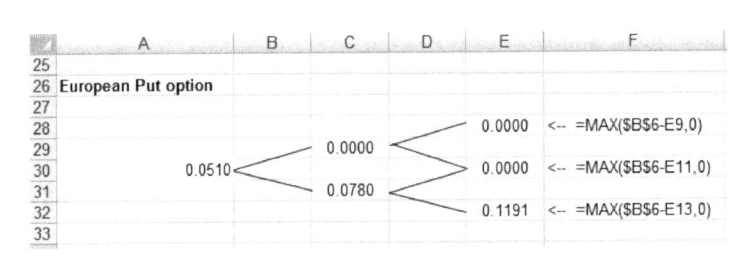

图 4.6　欧式看跌期权的两期二叉树定价模型

4.4.3　美式看涨期权

美式期权可以在到期前执行。但是对于看涨期权而言，不提前执行是最优决策，因此美式看涨期权的价格等于欧式看涨期权的价格。

4.4.4　美式看跌期权

美式看跌期权可以提前执行，并且有时候提前执行会更加有利。如果立即执行得到的收益比等到下一期再执行的收益要大，那么应该提前执行。具体而言，第一期期末每个价格节点期权的价值应该是立即执行得到的价值和由下一期期权价格贴现后得到的价值之间的较大者，依此规则类推，最终得出第一期期初美式看跌期权价格。计算结果如图 4.7 所示。

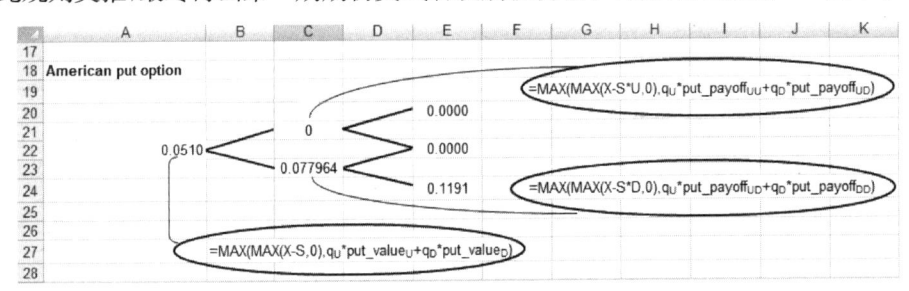

图 4.7　美式看跌期权的两期二叉树定价模型

两期二叉树模型下欧式、美式看涨期权和看跌期权的价格分别如表 4.2 所示。

表 4.2 两期二叉树模型的期权价格

European call price	0.135 3
American call price	0.135 3
European put price	0.051 0
American put price	0.051 0

4.5 多期二叉树模型定价和 BS 定价公式

将单期二叉树期权定价模型拓展到多期二叉树期权定价模型，还需要进行参数调整，如将到期时间等分为 n 期后，每期的无风险利率调整为 r/n；上升比例和下降比例的调整还与标的资产价格的分布有关。

若服从对数正态分布，可取上升比例 $u = \exp\{\mu \Delta t + \sigma \sqrt{\Delta t}\}$，下降比例 $d = 1/u$；

若不服从对数分布，可取上升比例 $u = \exp(\sigma \sqrt{\Delta t})$，下降比率 $d = 1/u$。

以上证 50ETF 欧式看涨期权，观察多期二叉树模型定价和 BS 定价公式数值的比较。

4.5.1 标的资产不服从对数正态分布

到期时间为 0.55 年(198 个自然日)，假设分割为 60 期进行计算；由于每期的长度发生变化，多期二叉树模型相应的参数也发生调整(见图 4.8)。同时计算由 BS 定价公式得到的期权价格(图中 BSCall 函数由 Excel VBA 编写)。

	A	B	C	D	E
1		**BLACK-SCHOLES AND BINOMIAL PRICING: CONVERGENCE**			
2		**基本参数**			
3		S	2.371	Current stock price	
4		X	2.35	Option exercise price	
5		T	0.5500	Time to option exercise (in years)	
6		r	2.50%	Annual interest rate	
7		Sigma	20.48%	Riskiness of stock	
8		n	60	Number of subdivisions of T	
9		**调整后参数**			
10		Δt = T/n	0.0092	<-- =C5/C8	
11		Up, U	1.0198	<-- =EXP(C7*SQRT(C10))	
12		Down, D	0.9806	<-- =EXP(-C7*SQRT(C10))	
13		Interest rate, R	1.0002	<-- =EXP(C6*C10)	
14					
15		Binomial European call	0.1703	<-- =binomial_eur_call(C11,C12,C13,C3,C4,C8)	
17		Black-Scholes call	0.170037986	<-- =BSCall(C3,C4,C5,C6,C7)	

图 4.8 多期二叉树模型调整后参数($n=60$)

利用 Excel 的模拟运算工具,我们取更多的期限分割方式,得到如下结果:

Data table: Binomial price vs Black-Scholes

n, number of subdivisions of T	Binomial price	Black-Scholes price
	0.1703	0.1700
10	0.1688	0.1700
50	0.1702	0.1700
75	0.1703	0.1700
100	0.1703	0.1700
125	0.1701	0.1700
150	0.1702	0.1700
175	0.1700	0.1700
200	0.1702	0.1700
225	0.1700	0.1700
250	0.1702	0.1700
275	0.1699	0.1700
300	0.1702	0.1700
325	0.1700	0.1700
350	0.1701	0.1700
375	0.1700	0.1700
400	0.1701	0.1700
425	0.1700	0.1700
450	0.1701	0.1700
475	0.1700	0.1700
500	0.1701	0.1700

图 4.9　多期二叉树模型定价结果(非对数正态分布)

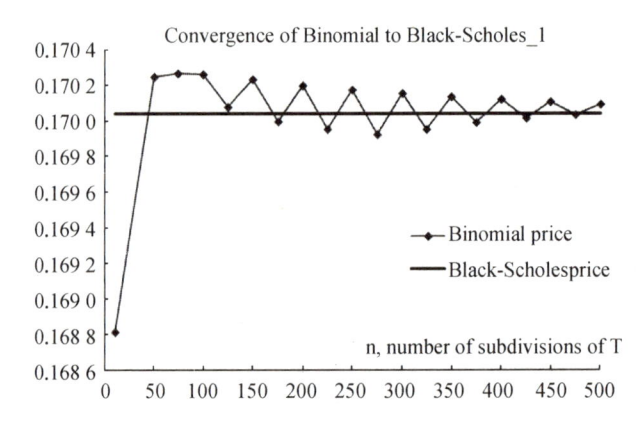

图 4.10　多期二叉树模型定价对 BS 公式定价的收敛性(非对数正态分布)

图 4.10 显示,随着分割期数的增加,二叉树期权定价模型计算的欧式看涨期权价格会逐渐趋近于 Black-Scholes 期权定价模型计算出来的价格。

4.5.2　标的资产服从对数正态分布

二叉树模型中的上升比例 u 和下降比率 d 应根据平均收益率调整,因此二叉树定价受到影响,但 BS 定价不会发生影响。重复 4.5.1 中的步骤,绘制二叉树价格和 BS 定价序列,如图 4.11 所示。

比较两图,在假定标的资产价格服从对数正态后,虽然上升比例和下降比例有所增大,使得收敛性不如图 4.10 中平滑,但是仍然表现出明显收敛的特性。

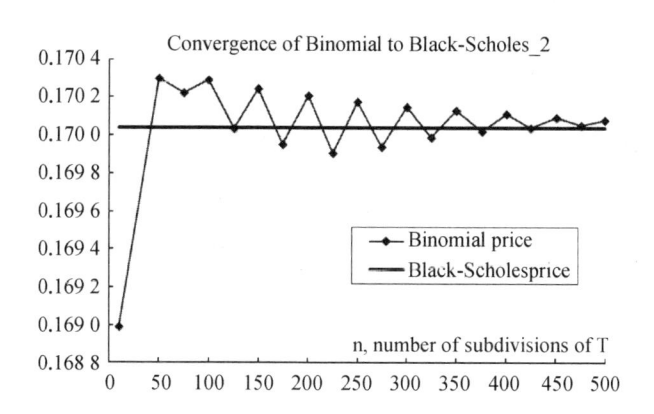

图 4.11　多期二叉树模型定价对 BS 公式定价的收敛性(对数正态分布)

4.6　二叉树模型定价表现

比较由多期二叉树模型得到的期权价格和 2016 年 12 月 13 日的实际收盘价格,如表 4.3 所示。

表 4.3　　　　　　　　　　　　模型定价和实际价格对比

期权类型	实际价格	模型计算价格
50ETF 购 6 月 2.35	0.158 5	0.170 1
50ETF 沽 6 月 2.35	0.107 5	0.117 2

通过以上对比,我们发现,50ETF 看涨期权的实际价格与理论价格尚有差距,这可能是由于参数的选取还不够精确,特别是标的资产价格波动率的估计对期权定价有重要的影响,需要更加精确的估计。

实验案例五

最优投资组合

1. 实验目的

理解最优组合投资原理。通过前沿组合的一个重要性质,绘制风险资产的最小方差边界、有效边界及最优资本配置线,寻找最优风险资产组合。

2. 实验软件

Wind,Excel

3. 实验方案设计

本实验主要利用前沿组合的一个性质,虽然直观上没有第一种方法(案例一)容易理解,但是操作上更加便捷。我们以4只股票和1个无风险资产为例,绘制风险资产的最小方差边界以及最优资本配置线,寻找有效边界上的最优风险资产组合。

3.1 选择4只股票,下载2008年1月至2015年12月收盘价格数据,计算每只股票的月收益率。以年无风险利率为0.035为例,按照复利转换为月无风险收益率 $r_f=0.00287$。

3.2 计算各只股票收益率的方差和协方差矩阵。

3.3 利用定理计算两个特殊的前沿组合。

3.4 由得到的两个前沿组合构造凸组合,利用EXCEL模拟运算表得到其他的前沿组合。

3.5 无风险资产点与最优风险资产组合点的连线为最优资本配置线,并绘制最优资本配置线。

4. 实验过程(实验步骤、记录、数据、分析)

4.1 资产集选择

选取了4只股票,分别是安信信托(600816)、大众交通(600611)、上海电力(600021)、国药股份(600511),分别属于非银金融行业、交通运输行业、电力行业和日常消费行业。

选择 Wind 数据库"股票"选项,从"行情序列"中选择这4只股票并导出自2008年1月至2015年12月的月收盘价格数据,计算每只股票每月的月收益率,月收益率=LN(收盘价)-LN(前收盘价)。

表 5.1　　　　　　　　　　　　　部分收盘价数据及月收益率

简称	日期	前收盘价(元)	收盘价(元)	月收益率
大众交通	20080131	21.37	17.86	-0.164 248 95
大众交通	20080229	17.86	19.01	0.064 389 698
大众交通	20080331	19.01	15.87	-0.165 176 22
大众交通	20080430	15.87	11.62	-0.267 800 88
大众交通	20080530	11.62	11.56	-0.005 163 51
大众交通	20080630	11.56	10.59	-0.083 910 03
大众交通	20080731	10.59	10.39	-0.018 885 74
大众交通	20080829	10.39	8.07	-0.223 291 63

4.2　计算期望收益、方差—协方差矩阵

分别使用 Excel 的 Average 函数对每只股票月收益率进行统计计算,得到月平均收益率,如表5.2所示;使用 Excel 的"数据分析—协方差"得到资产之间的方差—协方差矩阵,结果如表5.3所示。

表 5.2　　　　　　　　　　　　　　　月平均收益率

股票名称	月平均收益率
大众交通	0.005 8
国药股份	0.003 9
上海电力	0.014 1
安信信托	0.011 4

表 5.3　　　　　　　　　　　　　　方差—协方差矩阵

股票名称	大众交通	国药股份	上海电力	民生银行
大众交通	0.018 00	0.004 56	0.010 28	0.007 52
国药股份	0.004 56	0.014 86	0.003 96	0.008 49
上海电力	0.010 28	0.003 96	0.021 26	0.009 99
安信信托	0.007 52	0.008 49	0.009 99	0.025 79

4.3 寻找前沿组合

根据均值方差模型,给定任意无风险利率,最优组合必在前沿组合中,且使得过无风险利率点和最优组合的直线斜率最大。我们不加证明,给出寻找前沿组合的一个定理和前沿组合的一个重要性质。因此,只要找到两个特殊的前沿组合,再构造这两个组合的凸组合,就能找到所有的前沿组合。

定理:设 c 是任意常数,E(r)表示期望收益率向量,S 是相应的方差—协方差矩阵。设向量 z 为联立线性方程 E(r)−c=Sz 的解,则 z=S^{-1}(E(r)−c)。将 z 标准化后得到的向量 X 就是对于 c 的最优组合,即最优组合 X= S^{-1}(E(r)−c)/Sum(S^{-1}(E(r)−c))。

性质:任意两个前沿组合的凸组合也是前沿组合。

上述定理表明,连接纵轴上点 c 与 X 的直线必与有效前沿相切于点 X。

寻找具体过程如下:

4.3.1 首先设 c=0,先在 Excel 中输入公式 ={MMULT(MINVERSE(S),E(r)−c)},即利用矩阵函数将 z 求解出来,再将 z 标准化使各分量和为 1,从而可得到前沿组合中的一个点 X 的资产配置向量,并且连接原点和点 X 的直线和最小方差边界相切,即点 X 是对应于 c=0 的一个切点组合:

z1		envelope porfolio x
−0.131932895	大众交通	−0.18191496
0.002478928	国药股份	0.003418056
0.614520387	上海电力	0.847328114
0.240178473	安信信托	0.33116879
	sum	1

4.3.2 再设 c=0.002 87(月无风险利率),利用 Excel 矩阵函数,输入公式 ={MMULT(MINVERSE(S),E(r)−c)},将 z 求解出来,再将 z 标准化使各分量和为 1,则得到前沿组合中的另一个点 Y 的资产配置向量,并且连接点 Y 和纵轴上点 c 的直线与最小方差边界相切,即点 Y 是对应于 c=0.002 87 的一个切点组合:

z2		envelope portfolio y
−0.213333935	大众交通	−0.503869429
−0.139685632	国药股份	−0.32992088
0.553305185	上海电力	1.30684116
0.223105688	民生银行	0.526949149
	Sum	1

4.3.3 进一步,计算前沿组合 X 和 Y 各自的期望收益和标准差,以及二者之间的协方差,以便于下一步构造凸组合时使用。

如点 X 的期望收益可使用 Excel 的 SUMPRODUCT(x,E(r))公式计算,标准差使用矩阵乘积 MMULT(MMULT(TRANSPOSE(x)，S)，x)计算。注意此处涉及的向量在计算时要对应于相应的 Excel 单元格区域。

envelope potfolio X:		envelope potfolio Y:	
E(x)	0.014687184	E(y)	0.020240615
Var(x)	0.020251344	Var(y)	0.041025209
Sigma(x)	0.142307218	Sigma(y)	0.202546806
cov(x,y)	0.027908663		
corr(x,y)	0.968248215		

4.3.4 计算前沿组合序列

利用前沿组合的性质，只要获得任意两个前沿组合，通过对这两个前沿组合凸组合，就可以得到全部的前沿组合。因此，我们以 X 和 Y 的凸组合来获取新的一系列前沿组合，并计算这些前沿组合的期望收益和标准差。

利用公式计算凸组合的期望收益率和标准差：

$\text{Sigma}(X_p) = \text{SQRT}(p^2 * \text{Var}(x) + (1-p)^2 * \text{Var}(y) + 2*p*(1-p)*\text{Cov}(x,y))$

$E(X_p) = p * E(x) + (1-p) * E(y)$

将以上公式对应单元格输入 Excel 表中，使用 Excel 的模拟运算表工具，变动点 X 的构成比例，可得到其余前沿组合的期望收益率和标准差，部分数据如表 5.4 所示。

表 5.4　　　　　　　　　前沿组合的期望收益和标准差（部分）

X 的比例 p	标准差	期望收益率
−1.600	0.311 406 125	0.029 126 106
−1.400	0.297 408 172	0.028 015 419
−1.200	0.283 489 338	0.026 904 733
−1.000	0.269 661 875	0.025 794 047
−0.800	0.255 940 592	0.024 683 36
−0.600	0.242 343 527	0.023 572 674
−0.400	0.228 892 816	0.022 461 988
−0.200	0.215 615 853	0.021 351 302
0.000(点 Y)	0.202 546 806	0.020 240 615
0.200	0.189 728 647	0.019 129 929
0.400	0.177 215 825	0.018 019 243
0.600	0.165 077 787	0.016 908 557
0.800	0.153 403 523	0.015 797 87
1.000(点 X)	0.142 307 218	0.014 687 184
1.200	0.131 934 779	0.013 576 498

4.4 绘制前沿组合

将以上得到的一系列前沿组合的期望收益和标准差在 Excel 做成散点图,得到如下形状的曲线(见图 5.1),其中位于最小方差点的右上部分是有效前沿。

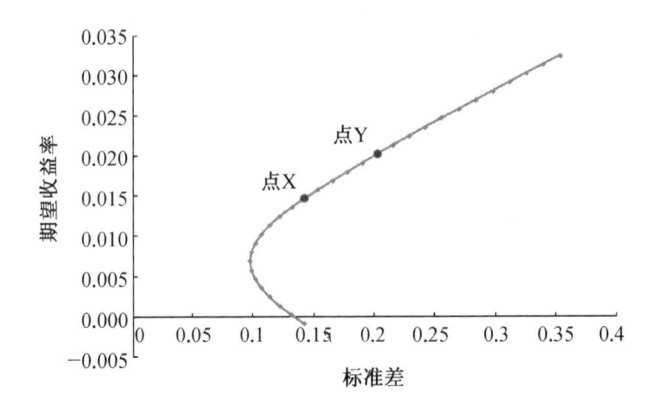

图 5.1 由构造凸组合得到的前沿组合

4.5 绘制资本市场线

当 $r_f=0.00287$ 时,最优投资组合就是市场投资组合。我们已经求出当月无风险利益率为 0.00287 时的最优投资组合 Y 的标准差为 0.20255,预期收益率为 0.020241,即市场投资组合 Y(0.20255,0.020241)。连接通过点(0,0.002870899)和(0.20255,0.020241)的射线,即可得到资本市场线,Y 组合正是有效前沿和资本市场线的切点,如图 5.2 所示。

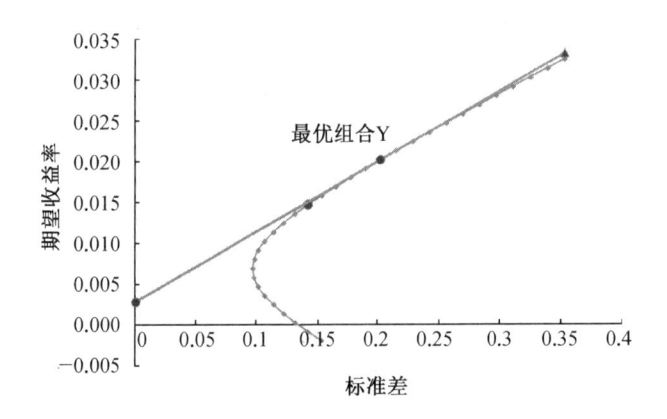

图 5.2 资本市场线及最优投资组合(年无风险利率 $R_f=0.035$)

实验案例六

债券组合管理模型

1. 实验目的

利用债券久期构建免疫组合。

2. 实验软件

Excel

3. 实验方案设计

3.1 设定未来一笔债务的利率为4%,债务现值为100元,到期期限13.965 9年。因此债务的未来价值为172.935 9元。

3.2 寻找合适的债券种类,使用1种债券资产构建免疫组合。

3.3 寻找合适的债券种类,使用2种债券资产构建免疫组合。

4. 实验过程(实验步骤、记录、数据、分析)

4.1 寻找债券数据

在和讯债券网上找到了以下三种债券,债券特征如表6.1所示。

表 6.1   债券特征

	债券1	债券2	债券3
	国债1014	国债917	02国债(13)
票面利率	4.03%	4.260%	2.60%
成熟期	50	20	15
面值	100	100	100

4.2 单个债券作为免疫资产

不妨只利用债券1、债券2或债券3。

设定期收益率为4%,计算这三个债券的价格、久期和债券份数。

表 6.2　　　　　　　　　　债券价格、久期和债券份数

	债券1	债券2	债券3
	国债1014	国债917	02国债(13)
债券价格	100.64	103.53	84.43
久期	22.312 5	13.965 9	12.354 2
债券份数	0.99	0.97	1.18

债券2的久期与未来债务的到期期限恰好相同。

假设购买了债券后到期收益率立刻发生了变化,变化为5%,那么债券价值加上息票再投资价值在债务到期日的价值总和计算如下:

表 6.3　　　　　　　　　　　债券投资到期日总价值

	债券1	债券2	债券3
	国债1014	国债917	02国债(13)
债券价格	83.94	96.23	97.64
息票的再投资收益	78.72	83.21	50.79
合计	162.66	179.44	148.42
债券份数	0.99	0.97	1.18
价值	161.62	173.31	175.79

利用Excel模拟运算表可以计算得到三个债券在不同到期收益率下在债务到期日的总价值:

表 6.4　　　　　　　债券在不同到期收益率下到期日的总价值

到期收益率	债券1	债券2	债券3
0%	299.57	178.88	164.63
1%	249.77	176.28	166.28
2%	214.59	174.42	168.21
3%	189.93	173.31	170.42
4%	172.94	172.94	172.94
5%	161.62	173.31	175.79

(续表)

到期收益率	债券 1	债券 2	债券 3
6%	154.58	174.44	178.99
7%	150.84	176.35	182.58
8%	149.71	179.05	186.59
9%	150.70	182.57	191.04
10%	153.48	186.94	195.97
11%	157.81	192.19	201.43
12%	163.56	198.36	207.44
13%	170.61	205.51	214.06
14%	178.91	213.68	221.32
15%	188.46	222.92	229.30

画图可得：

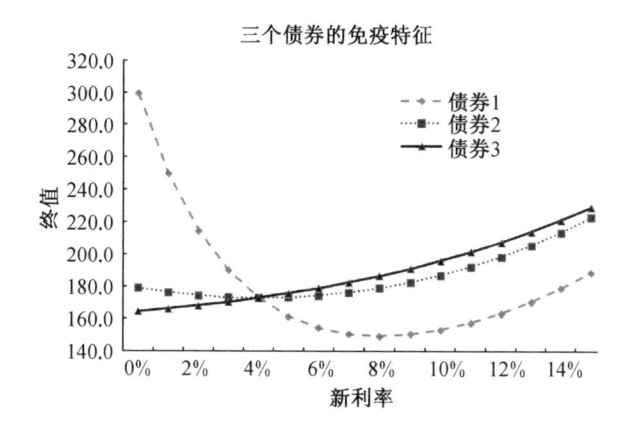

图 6.1 债券在不同到期收益率下到期日的总价值

由图可知，只使用一种债券时，债券 2 的免疫效果最好，受利率变动的影响最小。因此，在采用单一债券进行免疫的情况下，用久期与债务到期时间最接近的债券进行免疫最好。

4.3 利用两种债券构建免疫组合

构建债券组合，设债券 1 和债券 3 的投资比例分别为 x1、x3，则满足以下两个条件：

a) 投资总额为￥100；x1＋x3＝1

b) 投资组合久期与债务久期匹配，这意味着 x1 * D1＋x3 * D3＝D2，这里 Di 是该债券 I 的久期。

利用 Excel 求解得到，x1＝0.161 8，x3＝0.838 2

比较两种免疫方式，利用 Excel 模拟运算表可以计算得到债券 2 和投资组合在不同到期收益率下在债务到期日的总价值。

表 6.5　　　　　　　不同到期收益率下债券 2 和债券组合的未来总价值

到期收益率	债券 2 价值	债券投资组合价值
	173.311 1	173.492 9
0%	178.879 3	186.464 8
1%	176.278 5	179.794 5
2%	174.422 9	175.713 6
3%	173.308 4	173.575 2
4%	172.935 9	172.935 9
5%	173.311 1	173.492 9
6%	174.444 4	175.041 4
7%	176.351 2	177.445 8
8%	179.051 5	180.619 3
9%	182.570 5	184.511
10%	186.938	189.095 6
11%	192.189 4	194.367 5
12%	198.364 9	200.336 3
13%	205.510 5	207.023 4
14%	213.677 6	214.46
15%	222.923 9	222.685 7

画图可得：

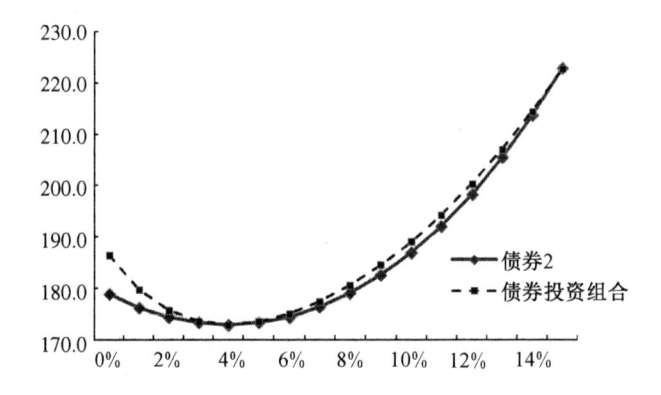

图 6.2　不同到期收益率下债券 2 和债券组合的未来总价值

由图可知,若两个免疫资产组合均为一个已知的未来债务提供资金,凸性更强的那个组合更可取。

实验案例七

Black-Scholes 期权定价模型

1. 实验目的

掌握 BS 期权定价模型原理,对衍生产品定价机制有进一步了解。

2. 实验软件

Excel

3. 实验方案设计

3.1 首先选取一只股票,计算其历史平均收益率和历史波动率;
3.2 然后利用 BS 期权定价模型计算其欧式看涨、看跌期权价格;
3.3 然后就五个变量对期权价格进行敏感性分析。

4. 实验过程(实验步骤、记录、数据、分析)

4.1 欧式看涨、看跌期权价格计算

我们以 Synchrony Financial (SYF)为例,设当前时点是 2015 年 12 月 20 日,要计算 2016 年 3 月到期的欧式看涨、看跌期权价格。

4.1.1 无风险收益率的选取

由于实验计算的是三个月到期的期权价格,因此选用当时美国三个月到期的国债利率作为无风险收益率,部分数据如表 7.1 所示。

表 7.1　　　　　　　　　　美国三个月国债利率(%)

2015/11/9	0.14
2015/11/10	0.13

(续表)

2015/11/12	0.14
2015/11/13	0.13
……	……
2015/12/14	0.26
2015/12/15	0.25
2015/12/16	0.27
2015/12/17	0.23
平均值	0.19

4.1.2 估计标的股票历史波动率

计算波动率有两种常用方法：(1)基于股票历史收益数据来计算；(2)基于该股票的隐含波动率来计算。我们采用方法(1)来计算波动率。

首先，从雅虎财经网站上下载 Synchrony Financial（SYF）股票价格历史数据（日度数据），计算日对数收益率（以下简称"日收益率"），计算日平均收益率（AVERAGE）和日收益率标准差（STDEVP），以及年平均收益率和年收益率标准差（波动率）。我们得到用于 BS 公式中的波动率，为 28.88%。

表 7.2　　　　　　　　　　波动率的估计

日期	价格	收益率		
2015/9/21	30.87	—		
2015/9/22	30.58	−0.94%	日度数据统计：	
2015/9/23	31.06	1.56%	平均收益率	0.16%
2015/9/24	30.83	0.74%	收益率标准差	1.83%
2015/9/25	31.03	0.65%	年化数据统计：	
2015/9/28	31.16	0.42%	平均收益率	40.01%
2015/9/29	31.04	−0.39%	收益率标准差	28.88%
……	……	……		
2015/12/17	30.01	−1.72%		
2015/12/18	29.51	−1.68%		

其中：日对数收益率＝LN（今日收盘价）−LN（前一日收盘价）

年平均收益率＝250×日平均收益率（假设一年有 250 个交易日）

年标准差＝SQRT(250)×日收益率标准差

4.1.3 期权价格

BS 期权定价模型假设在期权到期日之前,股票不支付股利,对于支付股利的股票我们可以采用股利调整后的价格来计算。表 7.3 为计算结果。

表 7.3　　　　　　　　　　　用历史波动率计算的期权理论价格

不支付股利的欧式期权定价			
当前时间	2015/12/20		
到期时间	2016/3/18		
S	29.51	当前的股价	
X	30	行权价	
T	0.243 8	期权的到期时间(年)	
r	0.19%	无风险利率(连续复利法)	
σ	28.88%	股票波动率	
d1	−0.040 9	<-- LN(S/X)+(r+0.5*sigma^2)*T)/(sigma*SQRT(T))	
d2	−0.183 5	<-- d1-sigma*SQRT(T)	
N(d1)	0.483 7	<-- NORMSDIST(d1)	
N(d2)	0.427 2	<-- NORMSDIST(d2)	
看涨期权价格	1.463 6	<-- S*N(d1)−X*exp(−r*T)*N(d2)	
看跌期权价格	1.939 7	<-- X*exp(−r*T)*N(−d2) − S*N(−d1)	
	1.939 7	<-- call price-S+X*Exp(−r*T)看涨看跌期权平价公式	
看涨期权价格	1.463 6	由 VBA 定义的看涨期权价格函数计算结果	
看跌期权价格	1.939 7	由 VBA 定义的看跌期权价格函数计算结果	
真实价格			
看涨期权价格	1.35		
看跌期权价格	1.50		

4.2 参数敏感性分析

在控制其他变量保持不变时,分析其中一个参数变动对于期权价格的影响,这里可以运用 Excel 模拟运算表进行计算。

4.2.1 BS 期权价格对标的股票当前价格 S 的敏感性

同时计算出在不同的标的股票价格 S 下的看涨看跌期权的价格以及内在价格,并画出对应图示来更加具体地说明股票价格 S 对期权价格的影响。

表 7.4　　　　　　　　　　　期权价格随股票价格的变动情况

股票价格 S	看涨期权价格	看跌期权价格	看涨期权内在价值	看跌期权内在价值
	1.463 6	1.939 7	MAX(S-X, 0)	MAX(X-S, 0)
26	0.331 1	4.317 2	0.00	4.00
26.5	0.428 4	3.914 5	0.00	3.50
27	0.544 9	3.531 0	0.00	3.00
27.5	0.682 1	3.168 2	0.00	2.50
……	……	……	……	……
31.5	2.607 5	1.093 6	1.50	0.00
32	2.948 3	0.934 4	2.00	0.00
32.5	3.308 0	0.794 1	2.50	0.00
33	3.685 3	0.671 4	3.00	0.00

图 7.1　看涨期权的内在价值和期权价格

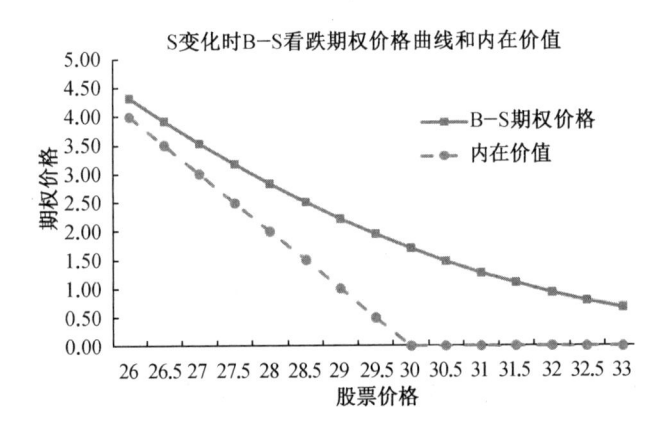

图 7.2　看跌期权的内在价值和期权价格

虚值期权和平值期权的内在价值为零,实值看涨期权的内在价值为S-X,随着股价的上涨,实值看涨期权的价值接近经调整的内在价值,即股票价格减去执行价格的现值,S-PV(X)。原因在于,当股价大幅上涨,当前已十分确定期权一定会被执行时,相当于现在已经持有股票,只是未来再付款,因此期权的价值为S-PV(X)。

看涨期权价格与股票价格同向变动,因为当前股价越高,期权到期被执行的概率越大,期权的期望收益越高。而当价格很低时,几乎不存在执行期权的机会,因此期权价值几乎为零。看跌期权的价格与股票价格反向变动,因为当前股价越高,期权到期被执行的概率越低,期权的期望收益越低。价格很高时,看跌期权几乎不会被执行,因此期权价值几乎为零。

4.2.2 BS期权价格对无风险利率r的敏感性

根据BS期权价格公式,利率r对看涨期权价格是正向影响,对于看跌期权是负向影响。通过给定其他变量的值,而不断变化r的值,来观察期权价格的变动,结果如图7.3所示。

表7.5　　　　　　　　　　期权价格随利率的变动情况

无风险利率 r	看涨期权价格	看跌期权价格
	1.463 6	1.939 7
0.50%	1.473 3	1.906 0
1.00%	1.489 0	1.303 0
1.50%	1.504 9	1.885 3
2.00%	1.520 8	1.864 8
……	……	……
9.00%	1.754 7	1.593 5
9.50%	1.772 2	1.575 2
10.00%	1.789 8	1.557 1

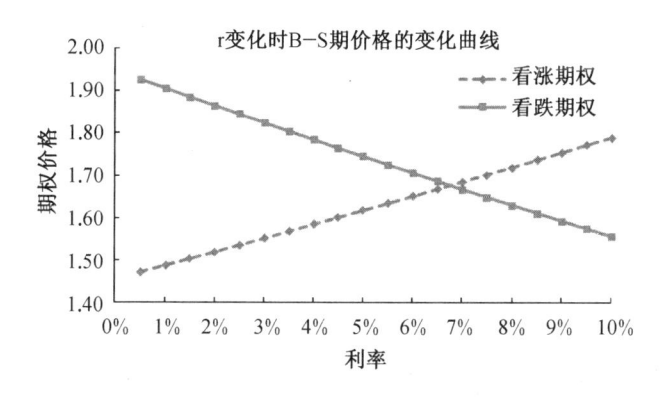

图7.3　看涨和看跌期权随利率的变动情况

利率上升时,看涨期权的价格增加,因为高利率降低了执行价格的现值,增加了经调整的内在价值;对于看跌期权而言,则是降低了经调整的内在价值,因此,看跌期权价格随利率上升而下降。

4.2.3 BS 期权对执行价格 X 的敏感性

执行价格 X 对看涨期权的价格影响是负向的,但是最后的影响趋于水平;执行价格 X 对于看跌期权的价格影响是正向的。

表 7.6　　　　　　　　　　期权价格随执行价格变动的情况

执行价格 X	看涨期权价格	看跌期权价格
	1.463 6	1.939 7
15	14.516 9	0.000 0
17	12.517 9	0.000 0
19	10.519 7	0.000 9
21	8.529 7	0.010 0
……	……	……
39	0.046 6	9.518 5
41	0.018 0	11.489 0
43	0.006 6	13.476 7
45	0.002 3	15.471 5

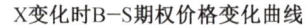

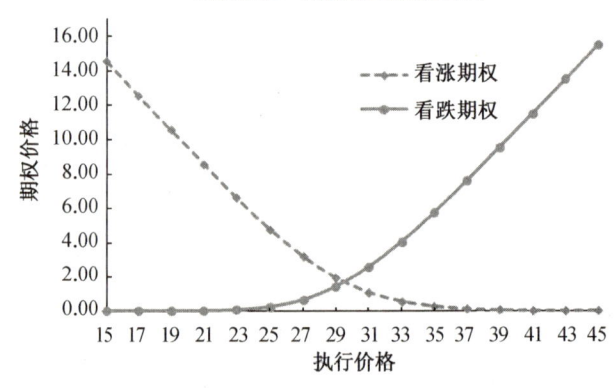

图 7.4　看涨期权的内在价值和期权价格

看涨期权的价格随着执行价格的增加而降低,执行价格越高,期望收益越低,并且期权被执行的概率越低,当执行价格高到一定程度,期权几乎不会被执行,因此价值为零。相反,看跌期权价格随执行价格的增加而升高,因为,执行价格越高,期望收益越高,期权被执行的概率越高,而当期权价格降低到一定程度,期权同样不会被执行,价格为零。

4.2.4 BS期权价格对到期时间 T 的敏感性

到期时间 T 对看涨看跌期权的价格影响都是正向的,不断给定时间 T 来观察期权价格的变化,结果如下:

表 7.7　　　　　　　　　　　期权价格随到期时间的变动情况

到期时间 T	看涨期权价格	看跌期权价格
	1.463 6	1.939 7
0.05	0.547 3	1.034 5
0.10	0.858 6	1.342 9
0.15	1.100 0	1.581 4
0.20	1.304 3	1.782 9
……	……	……
0.95	3.113 9	3.549 8
1.00	3.200 8	3.633 9
1.05	3.285 6	3.715 8
1.10	3.368 4	3.795 8

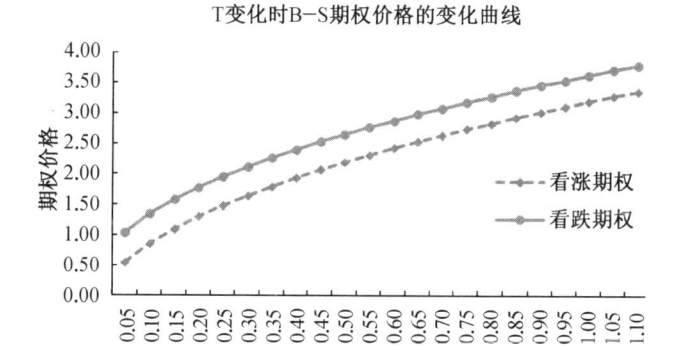

图 7.5　期权价格随到期时间的变动情况

到期时间越长,发生影响股票价格的不可预测时间的机会就会越多,从而导致股票价格可能上升或下跌的范围更大,期权价格都会增加。

4.2.5 BS期权价格对波动率的敏感性

股票波动率对看涨、看跌期权的价格影响都是正向的,不断给定波动率 Sigma 来观察期权价格的变化,结果如下:

表 7.8　　　　　　　　　　期权价格随波动率的变动情况

股票波动率 Sigma	看涨期权价格	看跌期权价格
	1.463 6	1.939 7
2%	0.006 5	0.482 6
4%	0.069 4	0.545 5
6%	0.163 6	0.639 7
……	……	……
36%	1.877 4	2.353 5
38%	1.993 6	2.469 7
40%	2.109 9	2.586 0

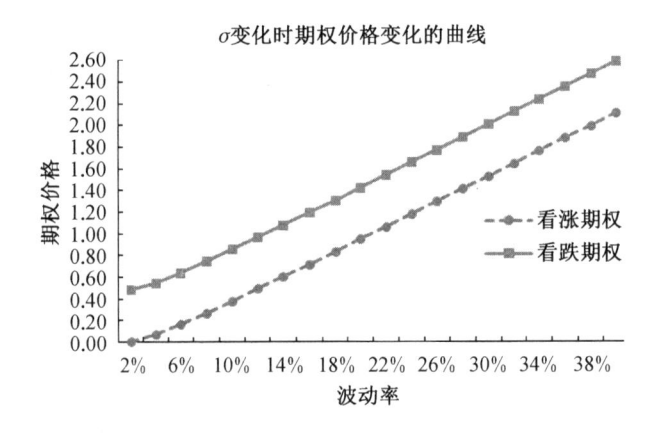

图 7.6　期权价格随波动率的变动情况

若期权价值随波动率增加,以看涨期权为例,当股票价格表现不好时,期权的收益最低是零,但是股价表现好时所带来的潜在收益是无限的,这种不对称性意味着期权期望收益增加,从而增加期权价值。

我们以实验中给定的参数值作为基准,计算了五个参数各变化±5%、±10%时,期权价格的变化比率,进而求得敏感度系数。计算如下:

表 7.9　　　　　　　　　　期权价格关于各参数的敏感度系数

变化幅度	−10%	−5%	0	5%	10%
S	26.56	28.03	29.51	30.99	32.46
看涨期权价格	0.441 1	0.853 2	1.463 6	2.278 2	3.279 3
变动比率	−69.86%	−41.71%	0.00%	55.66%	124.06%
敏感度系数	−6.99	−8.34	0.00	11.13	12.41
看跌期权价格	3.868 2	2.804 8	1.939 7	1.278 8	0.804 4
变动比率	99.42%	44.60%	0.00%	−34.07%	−58.53%
敏感度系数	9.94	8.92	0.00	−6.81	−5.85
r	0.17%	0.18%	0.19%	0.20%	0.21%
看涨期权价格	1.463 0	1.463 3	1.463 6	1.463 9	1.464 2
变动比率	−0.04%	−0.02%	0.00%	0.02%	0.04%
敏感度系数	−0.004 2	−0.004 3	0.000 0	0.003 8	0.003 9
看跌期权价格	1.940 5	1.940 1	1.939 7	1.939 3	1.938 9
变动比率	0.04%	0.02%	0.00%	−0.02%	−0.04%
敏感度系数	0.004	0.004	0.000	−0.004	−0.004
X	27.00	28.5	30	31.5	33.00
看涨期权价格	3.171 6	2.210 1	1.463 6	0.921 5	0.552 6
变动比率	116.70%	51.01%	0.00%	−37.04%	−62.24%
敏感度系数	11.67	10.20	0.00	−7.41	−6.22
看跌期权价格	0.649 1	1.186 9	1.939 7	2.896 9	4.027 3
变动比率	−66.54%	−38.81%	0.00%	49.35%	107.63%
敏感度系数	−6.65	−7.76	0.00	9.87	10.76
T	0.219 5	0.231 6	0.243 8	0.256 0	0.268 2
看涨期权价格	1.376 9	1.420 8	1.463 6	1.505 3	1.546 1
变动比率	−5.92%	−2.92%	0.00%	2.85%	5.64%
敏感度系数	−0.59	−0.58	0.00	0.57	0.56
看跌期权价格	1.854 4	1.897 6	1.939 7	1.980 7	2.020 8
变动比率	−4.40%	−2.17%	0.00%	2.12%	4.18%
敏感度系数	−0.44	−0.43	0.00	0.42	0.42

(续表)

sigma	25.99%	27.44%	28.88%	30.32%	31.77%
看涨期权价格	1.295 9	1.379 7	1.463 6	1.547 5	1.631 4
变动比率	−11.46%	−5.73%	0.00%	5.73%	11.47%
敏感度系数	−1.15	−1.15	0.00	1.15	1.15
看跌期权价格	1.772 0	1.855 8	1.939 7	2.023 6	2.107 5
变动比率	−8.64%	−4.32%	0.00%	4.32%	8.65%
敏感度系数	−0.86	−0.86	0.00	0.86	0.87

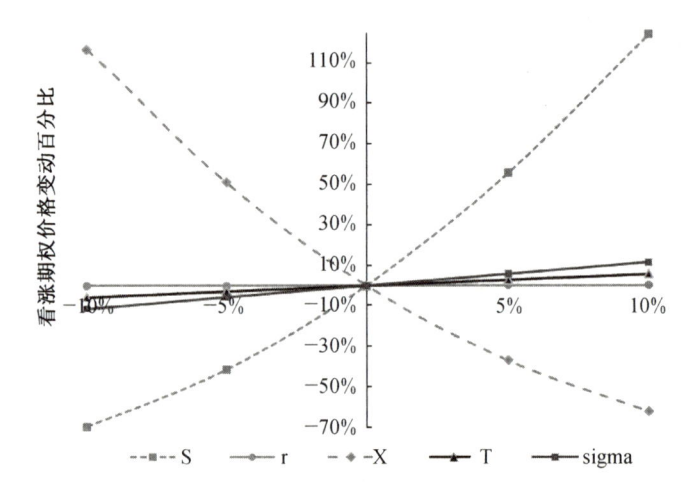

图 7.7 看涨期权的敏感度系数

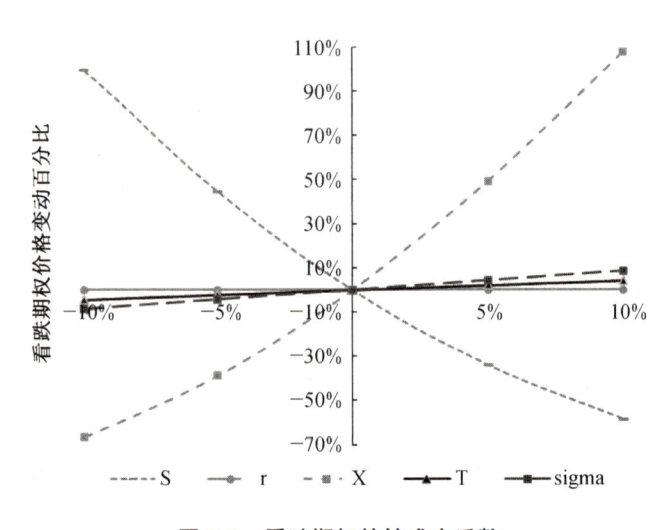

图 7.8 看跌期权的敏感度系数

由上图可以看出,股票现价 S 和执行价格 X 的敏感度系数远高于利率 r、到期时间 T 和波动率 sigma。按敏感度大小排序,S 和 X 的敏感性大致相当,方向相反,然后是波动率,到期时间、无风险收益率最不敏感。

5　总结

BS 期权定价模型虽然有些假设与实际并不相符,但是它所提供的计算期权的方法仍然具有一定的借鉴意义。投资者需要根据市场的实际情况,结合 BS 定价公式来进行投资决策。

实验案例八

Fama-French 三因素模型

1. 实验目的

学习 Fama-French 的三因素模型的思想和方法,检验深圳 A 股主板市场的规模效应和账面市值比效应。

2. 实验软件

CSMAR,SAS

3. 实验方案设计

本实验基本上按照 Fama-French 的三因素模型的方法来进行。

3.1 从 CSMAR 数据库中分别下载股票账面价值和股价数据、股票的月度收益率、市场回报率 Rm,计算市值、账面市值比。

3.2 通过对股票的市场规模和账面市值比进行双重排序,分别划分为 5 组,将所选股票分为 25 个交叉排序组合,并计算每个组合的市值加权收益率。

3.3 通过对股票的市场规模和账面市值比进行双重排序,先按照市值分为 2 组,再按照账面市值比分为 3 组,共 6 个交叉组合,计算每个组合的市值加权收益率;计算市场因子、市值因子和账面市值比因子的收益率。

3.4 将被检验组合的超额收益率对市场因子、市值因子和账面市值比因子的收益率进行回归,进行统计、检验和分析。

4. 实验过程(实验步骤、记录、数据、分析)

4.1 理论基础

本实验主要通过对 Fama-French 的三因素模型的实证研究,来检验深圳 A 股主板市场的个股是否具有规模效应和账面市值比效应。

"规模效应"是指,平均而言市值较小的股票收益率要比市值大的高。账面市值比是指公司的账面价值(即会计报表上的所有者权益数值)与公司的市场价值(股票价格与发行在外的股份数量之积)之比。

"账面市值比"效应是指账面市值比越高的公司,其股票的收益率越高,意味着它的内在价值被低估,有进一步提升的潜力。这一类股票又被称为价值型股票。相反,账面市值比小的股票,被称为成长型股票,由于这类公司的成长前景良好,其股票价格一般被投资者追捧得很高。

本实验的实证分析基本上按照 Fama-French 的三因素模型的方法和过程来进行,主要目的在于学习 Fama-French 的三因素模型的思想和方法。中国股市由于成立仅 20 余年,且在 2005 年方才开始股权分置改革,因此本实验选择比较有代表性的沪深 A 股主板市场 2006 年 7 月至 2014 年 6 月的数据进行分析。

4.2 股票选取

在选取股票样本时,剔除了以下四类股票:

(1) 金融类股票。按照法玛和弗伦奇等学者的观点,金融类公司资产负债结构与普通实体企业不同,它们的经营风险也与普通实业型公司有很大的差别,因此研究时均应排除在外。

(2) 月收益率信息缺失的股票。股票收益率有多种表达方式,这里采取考虑现金股利再投资的月个股回报率。缺少某个月的收益率数据的股票将被剔除。

(3) 缺少上年末个股总市值和账面价值数据的股票以及缺少本年 4 月总市值数据的股票也会被排除。

(4) 排除 ST 类公司股票。在我国,ST 和 ST * 类股票,表示上市公司遇到经营困难或财务状况异常等问题,这类股票的涨跌幅被限制在 5% 以内,交易制度和风险与普通股票不同。

4.3 数据来源

股票账面价值数据来自 CSMAR 中国上市公司财务报表中的资产负债表的所有者权益合计项目。

股票的月度收益率采用考虑现金红利再投资的月个股回报率,直接从 CSMAR 股票市场数据库中调用。

Rm(沪深 A 股主板市场考虑现金红利再投资月回报率,总市值加权平均法)的数值直接从 CSMAR 数据库中调出。

4.4 回归模型

$$R_{pt} - R_{ft} = a + b \times [R_{mt} - R_{ft}] + s \times SMB_t + h \times HML_t + \varepsilon_t$$

其中 $R_m - R_f$ 代表市场因子收益率,SMB 代表市值因子收益率,HML 代表账面市值

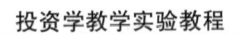

比收益率。

4.4.1 被解释变量(股票组合超额收益率)

股票组合超额收益率(Rp-Rf)计算步骤如下：

根据当年 6 月底股票总市值大小将股票按(0，20)、[20，40)、[40，60)、[60，80)、[80，100)分位点分为 5 组。

再根据上年末的账面市值比将每一组股票进一步分成 5 个小组，共得到 25 个股票组合。

分别计算每一组从当年 7 月至下年 6 月共 12 月的月收益率 Rp(组内市值加权平均月收益率)。

下一年,按照以上步骤重新进行分组,最后将组合月收益率减去每月的无风险收益率(同期 30 天国债收益率 Rf),得到 25 组股票的月超额收益率(Rp-Rf)。

4.4.2 解释变量(因子)

Rmt-Rft:股票市场组合月度超额收益率,数据序列直接来自市场,Rft 为同期 30 天国库券收益率。

SMBt 与 HMLt 因子序列计算步骤如下:

根据当年 6 月底的总市值,将市值 50 亿元作为分界点,市值小于 50 亿元的股票分在"小"组,大于等于 50 亿的股票分在"大"组。

再根据上一年 12 月底的账面市值比,按照 30%、40%和 30%的比例将每一组分别细分成 3 小组,最后形成六组股票,记号分别为 BL (Big & Low)——大市值、低账面市值比组合,BM (Big & Middle)——大市值、中等账面市值比组合,BH (Big & High)——大市值、高账面市值比组合,以及 SL (Small & Low)——小市值、低账面市值比组合,SM (Small & Middle)——小市值、中等账面市值比组合,SH (Small & High)——小市值、高账面市值比组合。

每年分别计算这六组股票自当年 7 月至下一年 6 月的月收益率。

然后将三个小股票组合 SL、SM 和 SH 的月度收益率简单平均值,减去三个大股票组合 BL、BM、BH 的月收益率简单平均值,就得到 SMB 因子的序列,即 SMB=(SL+SM+SH−BL−BM−BH)/3。这样 SMB 因子就反映了小股票与大股票组合收益率的差异,不受账面市值比影响,只考虑了规模因素。

同理,HML 因子序列的计算公式为 HML=(SH+BH−SL−BL)/2,这样得到的 HMU 将规模因素进行平均处理,只反映账面市值比不同所带来的收益率差异。

4.5 实证结果

回归后各因子的系数,以及 T 统计量、方程的 F 统计量和修正的 R^2 列表如表 8.1 所示。

表 8.1　Fama-French 三因素模型回归结果

按市值大小分组	按账面市值比高低分组									
	高	2	3	4	低	高	2	3	4	低
	b(Rm-Rf 的系数)					t(b)				
大	0.93	1	1	1.02	1.01	16.15	23.64	21.42	32.04	34.6
2	1.12	1.02	0.98	1.05	0.97	18.09	18.17	20.57	24.54	20.06
3	1.01	1	1	1.08	0.98	18.82	22.85	27.37	37.5	24.17
4	0.97	1.03	1.01	0.98	1.07	15.92	38.79	39.92	45.63	20.85
小	1.01	1	1	0.95	1.02	20.07	32.38	36.42	37.01	15.43
	s(SMB 的系数)					t(s)				
大	0.55	−0.75	−0.54	−0.69	−0.58	−4.5	−8.4	−5.47	−10.24	−9.48
2	−0.23	0.05	−0.07	−0.14	−0.2	−1.74	0.42	−0.74	−1.51	−2
3	0.21	0.28	0.1	0.04	0.34	1.9	2.99	1.28	0.65	3.99
4	0.2	0.41	0.37	0.43	0.54	1.59	7.33	7.01	9.5	4.98
小	0.68	0.66	0.75	0.76	1.09	6.4	10.2	12.93	14.08	7.81
	h(HML 的系数)					t(h)				
大	0.96	1.22	0.31	0.11	−0.55	5.75	9.92	2.32	1.16	−6.48
2	0.87	0.66	0.57	0.31	−0.49	4.86	4.05	4.15	2.49	−3.46
3	0.87	0.66	0.26	0.08	−0.29	5.59	5.19	2.42	0.9	−2.46
4	0.37	0.49	0.22	0.26	0.1	2.13	6.42	2.95	4.2	0.64
小	0.23	0.08	0.05	0.22	0.34	1.58	0.86	0.68	−0.51	1.75
	F					修正的 R^2				
大	103.8	235.9	158.9	352.1	407.5	0.71	0.85	0.79	0.89	0.91
2	124.1	126.7	156.8	211.5	136.1	0.74	0.75	0.79	0.83	0.76
3	147.5	21.1	496.1	496.1	219.8	0.78	0.83	0.87	0.92	0.84
4	96.7	614.8	836.6	836.6	175.4	0.69	0.94	0.94	0.95	0.81
小	175.5	448.8	615.5	615.5	124.1	0.81	0.91	0.73	0.92	0.74

4.6　结果分析

4.6.1　统计推断检验

首先对模型的整体显著性进行判断。经修正的可决系数都在 0.69 以上,超过 0.8 的数值有 16 个,高于 0.9 的有 8 个。在显著性水平为 0.05 的情况下,$F(3,125)=2.68$,表 8.1 中的 F 统计量均远远超过了这个临界值,说明模型整体的拟合程度很好。市场组合的超额收益率、市值因素和账面市值比因素这三个因子,能够在很大的精确度上解释股票组合超额收益率的变动。

再看各个系数的显著性检验。市场因素的斜率 b 的 t 值都在 15 以上，最高达到 45.63，市场组合超额收益率具有显著性。25 个组合中，规模因子的系数 S 的 t 值分布情况显得比较复杂，但是高于临界值 1.96（显著性水平为 0.05 的情况下）的一共有 17 个，总的来看，S 是显著的，规模因素能在大多数情况下对股票的回报率有显著影响。账面市值比系数 h 的 t 值也是有 17 个高于临界值，说明账面市值比因素能对大部分股票组合的收益率变化起解释作用。

4.6.2 经济意义检验

中国市场也存在"规模效应"和"账面市值比效应"。

市场组合超额收益率的系数 b 值全部接近于 1，β 值为正，恰好符合资本资产定价模型的设定，表示股票组合的超额收益率与市场风险因素呈正相关关系。而这说明虽然 25 个股票组合的规模和账面市值比特征不同，但是它们面临的系统性风险可能趋于相同的稳定值。

S 值代表市值因子 SMB 的斜率。横向看，斜率系数值在 10 个大市值股票组中基本上为负数，说明大公司的股票收益率与规模因子 SMB 呈负相关关系，相反，其余市值较小的股票组合 SMB 因子系数全部为正，这与法玛对美国资本市场的研究结果类似。纵向看，控制账面市值比因素后，S 值随着股票组合市值的减小而逐渐增大。这可以解释为在小市值股票组合中，"规模效应"更明显，即小市值股票组的收益率对规模因素 SMB 更敏感，因为小公司的发展速度普遍比较快，规模的扩张一般意味着它的盈利前景很好，但是规模扩张太快，也会面临管理跟不上等风险的增加。账面市值比最高且市值最小的股票组合其 S 值最高，为 1.09，其 t 统计量也是表现显著的，说明这组股票的超额回报率对规模风险尤其敏感。

h 值代表账面市值比因子 HML 的斜率，从表中可见，控制市值时，它的值随着账面市值比的增高而不断增大，这在代表市值最高股票组合的三行 h 值中表现得十分明显，说明"账面市值比效应"在市值高且账面市值比也高的组合中比较显著。市值较大的公司，在其账面市值比高的时候，它的未来前景不被人看好，股价被低估，一旦其发展潜力被激发，规模经济效应也会更加体现出来。此外，在账面市值比最高的两列 10 个组合中，h 值随市值的下降而减小，这说明市值较大的公司股票收益率对价值效应尤其敏感。

实验案例九

投资组合业绩评价

1. 实验目的

掌握传统的投资组合业绩评价方法,了解基金的投资风格和业绩评价。

2. 实验软件

Wind,Excel,Eviews

3. 实验方案设计

3.1 选取7个股票,利用传统的业绩评价方法评价不同股票的业绩表现,如Sharpe指数、Treynor指数、Jensen指数(阿尔法)、Appraisal比率等,比较不同投资策略的历史收益。

3.2 选取了2个主动性投资基金,利用Excel电子表格规划求解工具,进行简单的基金风格分析。

3.3 选取了50个基金,根据Fama-French三因素模型,采用Eviews 7.1对50个股票型开放式基金的周收益率进行因子分析,研究影响我国股票型基金投资业绩的主要因素。

4. 实验过程(实验步骤、记录、数据、分析)

4.1 传统的业绩评价方法

4.1.1 数据收集

通过Wind资讯终端选择股票为康恩贝、西部资源、苏宁云商、海通证券、工商银行、中国石油、七匹狼等,市场组合以上证综指代表,时间段为2010年1月至2014年12月的月度收盘价格(指数)数据(60个月)。无风险利率以2010年以后发行的、期限大于10年的国债收益率,并取算术平均值得到,为4.04%,然后再化成月收益率。

4.1.2 计算对数收益率,并计算出超额收益率(见表9.1)

表9.1　　　　　　　　　　　上证综指和个股的超额收益率(部分)

月数	上证综指	康恩贝	西部资源	苏宁云商	海通证券	工商银行	中国石油	七匹狼
1	0.022 2	−0.010 1	−0.015 5	0.090 7	0.191 3	0.034 6	0.023 1	0.011 9
2	−0.091 2	0.001 7	0.113 9	−0.125 3	−0.117 9	−0.110 7	−0.057 6	0.030 8
3	0.017 6	0.110 9	−0.060 9	0.008 5	0.001 1	−0.000 7	−0.008 9	0.089 1
4	0.015 3	0.120 3	0.008 2	0.014 3	−0.012 9	0.021 1	−0.016 2	−0.001 6
5	−0.080 1	−0.019 5	0.010 0	−0.106 8	−0.208 9	−0.091 2	−0.060 8	0.138 9
6	−0.100 4	0.043 0	−0.083 7	−0.033 8	−0.211 3	−0.029 6	−0.106 5	0.082 3
7	−0.078 2	−0.166 4	−0.203 8	0.047 0	−0.134 6	−0.051 3	−0.047 2	−0.076 6

4.1.3 业绩评价

传统的业绩评价指标如Sharpe指数、Treynor指数、Jensen指数、Appraisal比率等,这些指标均是以CAPM单因素定价模型作为基准的。

Sharpe比率用超额收益除以投资组合收益的标准差,衡量单位风险带来的超额收益。Treynor指标是用超额收益除以系统风险βp,衡量单位系统风险带来的超额收益。Jensen指标即常说的αp,它等于投资组合的实际收益减去用CAPM预测出来的组合收益,相当于"定价偏差"。Appraisal比率等于αp除以投资组合的非系统性风险。

对所选股票的评价结果如表9.2所示。

表9.2　　　　　　　　　　　上证综指和个股历史投资的传统业绩评价

	上证综指	康恩贝	西部资源	苏宁云商	海通证券	工商银行	中国石油	七匹狼	太极实业
Mean	−0.48%	1.89%	1.09%	−0.11%	0.38%	−0.22%	−0.81%	0.34%	0.84%
Total Risk	5.62%	9.41%	12.28%	13.98%	12.71%	4.15%	3.94%	10.26%	10.82%
Beta	1.00	0.689 6	1.220 6	1.196 7	1.920 3	0.505 7	0.545 2	0.970 1	1.11
Sharpe	−0.084 6	0.201 4	0.089 0	−0.007 7	0.029 8	−0.052 5	−0.205 0	0.033 0	0.077 7
Treynor	−0.004 8	0.027 5	0.009 0	−0.000 9	0.002 0	−0.004 3	−0.014 8	0.003 5	0.007 5
Jensen	0	0.022 2	0.016 7	0.004 6	0.012 9	0.000 2	−0.005 5	0.008 0	0.013 7
Spec Risk	0.00%	8.58%	10.18%	12.25%	6.71%	3.02%	2.47%	8.69%	8.82%
Appraisal	0.000 0	0.259 3	0.164 5	0.037 7	0.192 7	0.007 5	−0.221 8	0.092 1	0.155 4

如果单从夏普比率和特雷纳指标来看,仅中石油的表现比大盘差,其余股票的表现均好于大盘。在2010～2014年这五年内,大盘整体先持续下跌,在这期间,创业板和中小板以及包括一些成长性比较好的中盘、大盘股票都好于大盘。相比较而言,一些包括银行股、石油股票、钢铁股票等超大盘股票走势一直很弱。

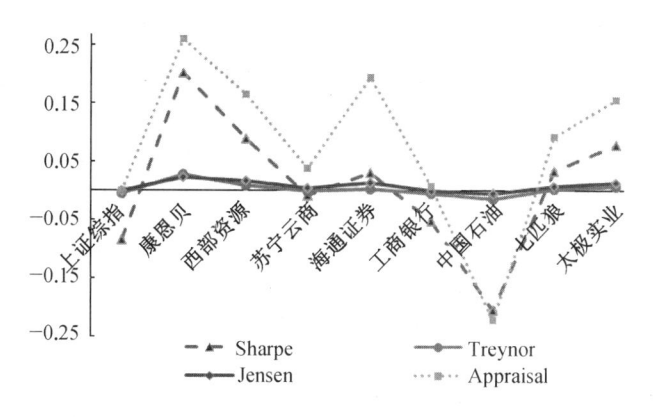

图 9.1 上证综指和个股的传统业绩评价指标

这些指标虽然可以用于比较被动投资、主动投资等不同投资策略的历史收益,衡量不同股票的业绩表现,但是它们的风险指标不同,适用范围也不同。例如,夏普指标只适用于评价整个投资组合的表现。特雷纳指标和詹森指标只适用于评价整个投资组合中的一部分投资业绩。Appraisal 比率只适用于评价在一个核心的被动投资组合的基础上,进行的几个不同的主动投资策略的业绩。

4.2 简单基金风格分析

4.2.1 数据收集

利用已知的指数构建基准投资组合,然后将选择的主动投资组合(基金)的收益与该基准组合进行比较,从而对基金进行风格分析。

根据股票基金投资理念的不同,可以将基金分为主动型基金和被动型基金(通常被称为指数型基金)。从基金的资产配置上来看,又可分为股票型、混合型、债券型基金。主动股票型基金主要是指具有主动式投资风格的股票型基金。

目前市场上基金投资风格分类的较为流行的做法是晨星规模—估值 9 格投资风格箱法。该方法把影响基金业绩表现的两项因素单列出来:基金所投资股票的规模和风格。以基金持有的股票市值为基础,把基金投资股票的规模定义为大盘、中盘和小盘;以基金持有的股票价值—成长特性为基础,把基金投资股票的价值—成长风格定义为价值型、平衡型和成长型。

参考以上做法,我们以中信标普风格指数为核心,共选取了 8 个能包括中国股票型投资基金的投资选择的指数,其中包括中信标普 100 纯成长、中信标普 100 纯价值、中信标普 200 纯成长、中信标普 200 纯价值、中信标普小盘纯成长、中信标普小盘纯价值指数、中信标普国债指数以及银行间市场 7 天回购利率,基本涵盖了不同风格的股票市场、中长期债券市场和短期货币市场操作工具,并使这些指数之间的重叠部分尽量少。

我们选取两只主动型基金为广发聚丰和博时主题行业,选择 2012 年 1 月至 2014 年 11

月时间段内的每周基金后复权单位净值数据。

4.2.2 通过利用 EXCEL 规划求解工具,求解最优投资组合的权重问题:

$$\min(e_i) * 10\,000$$

$$s.\,t.\ \sum w_i = 1 \quad 0 \leqslant w_i \leqslant 1$$

$$e_i = r_i - (w_{i1}f_1 + w_{i2}f_2 + \ldots w_{in}f_n)$$

4.2.3 求解结果如表 9.3 所示。

表 9.3　　　　　　　　两只主动型基金的风格权重

权重	中信100纯成长	中信100纯价值	中信200纯成长	中信200纯价值	中信小盘纯成长	中信小盘纯价值	中信国债	银行间7天回购利率
广发聚丰	30.0%	0.0%	9.9%	0.0%	31.3%	0.0%	0.0%	28.8%
博时主题	26.9%	69.0%	0.0%	0.0%	0.0%	0.0%	0.0%	4.1%

"广发聚丰"的宣称风格为成长型股票基金:此基金投资范围是具有良好流动性的金融工具,包括国内依法公开发行的各类股票、债券、权证以及中国证监会允许基金投资的其他金融工具,其中股票配置比例为 60%~95%,债券比例 0~35%,现金或者到期日在一年以内的政府债券大于等于 5%,权证等新的金融工具在法律法规允许的范围内进行投资。由数据分析结果可以看出,"广发聚丰"基金其实际判定风格为中盘成长型,同时配置了较高比例的流动性资产,约占 28.8%。其宣称风格与判定风格相符。

"博时主题行业"基金其宣称风格也为成长型的股票基金:基金的投资范围为具有良好流动性的金融工具,包括国内依法发售上市的股票、债券及法律法规或中国证监会允许基金投资的其他金融工具;该基金主要投资于股票,股票资产占基金净值的比例范围为 60%~95%。基金保留的现金以及投资于到期日在 1 年期以内的政府债券等短期金融工具的资产比例合计不低于 5%。而数据分析结果显示,实际判定风格为大盘价值型,并且其持有的高流动性资产比例只约占 4.1%,略低于其此前公文承诺的比例。同时,基金的实际投资呈现出明显的价值型投资倾向,明显不符其宣称风格。

4.3　Fama-French 三因素模型绩效评估

4.3.1　数据收集

选取了我国 2014 年 12 月 13 日依照最新资产规模排序、位于前 30 名的股票型开放式基金为样本,并收集自 2012 年 1 月 15 日到 2014 年 10 月 26 日期间的周收益率。对失真数据予以剔除后,实际有效周数为 143 周。

4.3.2　Fama-French 三因素模型

$$R_{it} - R_{ft} = \alpha_{it} + \beta_{iM}(R_{Mt} - R_{ft}) + \beta_{iSMB}SMB_t + \beta_{iHML}HML_t + e_{it}$$

其中,R_{it},R_{Mt},R_{ft} 分别表示 t 时刻股票收益率(或资产组合收益率)、市场收益率和无风险收益率。SMB表示市值规模因子,以小市值公司组合收益减去市值较大公司组合收益的超额收益进行衡量。HML表示账面市值比因子,以高账面市值比公司组合收益减去低账面市值比公司组合收益的超额收益进行衡量。e_{it}表示随机误差项。

将市值规模因子(SMB)定义为小盘股票组合平均收益减去大盘股票组合平均收益;将账面市值比因子(HML)定义为价值型股票组合平均收益减去成长型股票组合平均收益,计算公式如下所示:

$$SMB=(R_{中信小盘纯价值}+R_{中信小盘纯成长})/2-(R_{中信100纯价值}+R_{中信100纯成长})/2$$

$$HML=(R_{中信小盘纯价值}+R_{中信100纯价值}+R_{中信200纯价值})/3-(R_{中信100纯成长}+R_{中信200纯成长}+R_{中信小盘纯成长})/3$$

4.3.3 回归结果

对FF三因素模型进行回归的实证结果(见表9.4)显示,所选基金的系统性风险β在5%的显著性水平下均显著。

表9.4 Fama-French三因素模型回归结果

	基金简称	α	β_{MKT}	β_{SMB}	β_{HML}	可决系数	F统计量	DW统计量
1	广发聚丰	−0.007	0.620	0.184	0.719	0.812	207.58	2.27
2	中邮核心成长	−0.007	0.772	0.351	0.535	0.818	216.26	2.09
3	汇添富均衡增长	0.071	0.644	0.253	0.790	0.802	194.32	2.30
4	华夏优势增长	0.024	0.695	0.110	0.598	0.826	228.53	2.13
5	诺安股票	−0.040	0.743	0.305	0.215	0.863	303.57	2.04
6	博时主题行业	0.184	0.904	−0.601	−0.280	0.877	341.41	1.87
7	银华核心价值优选	0.036	0.747	0.058	0.273	0.825	226.78	1.84
8	华宝兴业行业精选	0.138	0.630	0.325	1.003	0.724	125.86	2.23
9	博时新兴成长	−0.035	0.690	0.110	0.622	0.780	170.17	2.27
10	景顺长城精选蓝筹	0.123	0.721	0.020	0.292	0.718	122.44	1.89
11	光大优势	0.073	0.856	−0.174	−0.025	0.872	326.38	1.89
12	长城品牌优选	−0.002	0.903	−0.587	−0.259	0.842	255.93	1.94
13	光大核心	0.002	0.923	−0.092	−0.114	0.934	677.44	1.94
14	南方成分精选	0.112	0.915	−0.600	−0.200	0.892	395.79	2.02
15	鹏华价值优势	0.088	0.813	−0.507	−0.409	0.834	240.54	1.76
16	景顺长城内需增长贰号	0.185	0.595	0.458	0.836	0.532	54.66	1.77
17	嘉实研究精选	0.306	0.665	−0.044	0.627	0.743	138.72	1.93

(续表)

	基金简称	α	β_{MKT}	β_{SMB}	β_{HML}	可决系数	F统计量	DW统计量
18	交银成长股票	0.171	0.699	0.140	0.929	0.759	150.92	2.03
19	华安策略优选	−0.026	0.759	0.084	0.416	0.808	201.59	2.25
20	南方绩优成长	0.090	0.654	0.183	0.713	0.779	168.74	2.21
21	中邮核心优选	−0.052	0.739	0.376	0.571	0.788	177.94	1.90
22	景顺长城内需增长	0.204	0.584	0.439	0.820	0.518	51.55	1.79
23	兴全全球视野	0.106	0.634	−0.001	0.439	0.791	181.47	1.83
24	交银蓝筹股票	0.011	0.639	0.097	0.728	0.774	164.30	2.17
25	工银瑞信核心价值	0.024	0.895	0.093	0.265	0.860	294.97	1.64
26	汇添富成长焦点	0.138	0.653	0.052	0.590	0.749	143.00	2.28
27	上投摩根内需动力	0.131	0.607	0.170	0.913	0.618	77.69	2.05
28	华夏行业精选	0.151	0.652	0.182	0.467	0.838	247.99	2.11
29	易方达科讯	0.213	0.604	0.470	0.995	0.633	82.91	2.02
30	广发小盘成长	−0.076	0.941	0.082	0.379	0.858	289.00	2.21

回归结果说明：

市场因子（系统性风险）是解释基金收益来源的关键变量和可靠因素。

回归结果中，共有21只基金的规模因子（SMB）系数通过了10%显著性检验（显著性标志略），且规模因子系数的符号显示为正的占比达到了73%，说明我国基金市场存在显著的规模效应，基金较多地选择中小盘股票为投资对象。

账面市值比因子（HML）的t检验值表明，仅有1只基金的系数未通过10%的显著性检验。

4.4 风格判定

对基金的投资风格判定，有助于对基金的绩效进行分类评价。因为不同的投资风格往往会形成不同的风险和收益水平，基金业绩表现的差距，有时可能是由于不同的基金投资风格所造成，而并非基金经理的实际投资能力或管理能力问题。因此，需要对不同风格的基金加以分类后，才能在同一类别的基金中进行业绩比较。

根据FF三因素模型，将SMB系数属于[−0.25，+0.25]划为中盘，将HML系数属于[−0.25，+0.25]划为平衡型，进行分类后，将得到30只基金的实际风格（如表9.5所示），由此可见：

第一，市值规模因子的系数大多为正，说明各基金收益率主要对中盘成长型股票资产和小盘成长型股票资产敏感，在30只样本基金中，中小盘的基金有26只，大盘股基金仅4

只;成长型基金占了23只,实际投资风格为平衡型的基金为4只,其余为价值型基金。这说明中国基金仍较多地配置成长型股票,基金风格的趋同性较高。

第二,从基金的宣称风格和FF三因素模型判定的投资风格来看,两者结果存在一定的差距,只有16只基金与其宣称风格一致,其余的则出现"价值型基金"实际上是"成长型基金"、"成长型基金"变"平衡型基金"等趋势。

第三,由FF三因素模型Jensen指数可知,65%以上的截距项α显示为正值,但只有3只基金的α都通过10%的显著性水平,说明大部分基金未能获得显著的超额收益,从而也支持了我国证券市场并非强有效市场。

表9.5 基金风格和FF Jensen指数

	基金简称	宣称风格	FF判定风格	是否相符	FF Jensen指数
1	广发聚丰	成长型	中盘成长	1	−0.006 9
2	中邮核心成长	成长型	小盘成长	1	−0.007 1
3	汇添富均衡增长	成长型	小盘成长	1	0.071 3
4	华夏优势增长	成长型	中盘成长	1	0.024 5
5	诺安股票	成长型	小盘平衡	0	−0.039 5
6	博时主题行业	成长型	大盘价值	0	0.184 4 *
7	银华核心价值优选	成长型	中盘成长	1	0.035 8
8	华宝兴业行业精选	成长型	小盘成长	1	0.138 0
9	博时新兴成长	成长型	中盘成长	1	−0.034 5
10	景顺长城精选蓝筹	价值型	中盘成长	0	0.123 1
11	光大优势	价值型	中盘平衡	0	0.073 1
12	长城品牌优选	成长型	大盘价值	0	−0.002 1
13	光大核心	成长型	中盘平衡	0	0.002 0
14	南方成分精选	价值型	大盘平衡	0	0.112 5 **
15	鹏华价值优势	价值型	大盘价值	1	0.088 3
16	景顺长城内需增长贰号	成长型	小盘成长	1	0.184 8
17	嘉实研究精选	价值型	中盘成长	0	0.306 4 *
18	交银成长股票	成长型	中盘成长	1	0.171 5
19	华安策略优选	价值型	中盘成长	0	−0.026 2
20	南方绩优成长	成长型	中盘成长	1	0.089 5
21	中邮核心优选	成长型	小盘成长	1	−0.052 3
22	景顺长城内需增长	价值型	小盘成长	0	0.204 2
23	兴全全球视野	成长型	中盘成长	1	0.106 0

（续表）

	基金简称	宣称风格	FF判定风格	是否相符	FF Jensen指数
24	交银蓝筹股票	平衡型	中盘成长	0	0.010 6
25	工银瑞信核心价值	价值型	中盘成长	0	0.024 4
26	汇添富成长焦点	成长型	中盘成长	1	0.138 1
27	上投摩根内需动力	价值型	中盘成长	0	0.130 9
28	华夏行业精选	成长型	中盘成长	1	0.151 1
29	易方达科讯	价值型	小盘成长	0	0.213 4
30	广发小盘成长	成长型	中盘成长	1	−0.076 3

实验案例十

公司价值评估

1. 实验目的

利用自由现金流量折现模型和两阶段增长模型评估公司股价绝对价值。

2. 实验软件

Wind，Excel

3. 实验方案设计

3.1 选择一家上市公司作为预测对象，利用近几年的财务报表，结合销售百分比法对未来增长率做出合理假设，预测高速增长时期和稳定期财务数据增长率。

3.2 假设两阶段增长模型，预测上市公司未来高速增长期和稳定增长期两个阶段自由现金流量。

3.3 基于CAPM模型权益资本成本，计算债务资本成本，从而预测自由现金流量的加权平均资本成本WACC。

3.4 利用两阶段增长模型计算公司价值、股权价值。

3.5 对估值结果进行敏感性分析。

4. 实验过程（实验步骤、记录、数据、分析）

4.1 公司基本财务数据分析

从Wind数据库中下载五粮液（2005年至2014年）的财务数据，包括资产负债表、现金流量表、利润表。

表 10.1　　　　　　　　　　五粮液资产负债表历史数据(2005 年至 2014 年)

资产	2014 年	2013 年	2012 年	2011 年	2010 年	2009 年	2008 年	2007 年	2006 年	2005 年
货币资金	2 238 211	2 576 350	2 784 551	2 155 086	1 413 446	754 359	592 540	406 077	278 626	197 107
应收账款＋应收票据＋应收利息＋预付款项＋其他应收款	802 649	429 314	337 781	260 751	269 972	223 878	73 114	60 917	72 778	68 945
存货	809 149	688 559	668 002	553 650	451 478	347 684	207 693	180 587	150 802	144 946
其他流动资产			1 900	1 827	2 076	2 371	809	809	888	279
流动资产合计	3 850 008	3 694 222	3 792 233	2 971 314	2 136 971	1 328 292	874 155	648 389	503 094	411 277
固定资产未摊销额	632 910	656 367	620 338	666 213	714 358	761 901	477 043	513 932	519 391	537 899
折旧和摊销	65 261	68 154	70 614	75 707	77 012	68 308	43 605	46 866	—	—
固定资产净额	567 648	588 213	549 724	590 506	637 346	693 593	433 438	467 066	519 391	537 899
无形资产	42 157	29 364	28 976	29 748	29 960	30 809	6 090	6 249	6 407	6 566
其他资产	181 073	101 151	153 830	99 017	63 073	32 215	35 959	35 461	5 123	5 667
总资产	4 640 887	4 412 950	4 524 764	3 690 584	2 867 350	2 084 909	1 349 642	1 157 165	1 034 015	961 409
负债										
应付款项	593 053	704 360	1 366 798	1 341 043	1 028 934	626 475	204 048	194 541	203 896	222 812
预提费用	0	0	0	0	0	0	0	0	0	0
其他流动负债	0	0	0	0	0	0	0	0	0	0
长期借款＋短期借款	0	0	0	0	0	0	0	0	0	0
递延所得税负债	0	0	173	154	215	388	0	0	6	0
少数股东权益	90 270	92 664	36 447	32 698	26 507	30 544	7 587	5 686	3 799	2 773
其他负债	14 526	6 661	5 686	4 718	1 591	0	0	0	0	0
权益										
股本	379 597	379 597	379 597	379 597	379 597	379 597	379 597	379 597	271 140	271 140
资本公积	95 320	95 320	95 320	95 320	95 320	95 320	95 320	95 320	95 320	95 320
留存收益(盈余公积＋未分配利润)	3 468 121	3 134 347	2 640 743	1 837 054	1 335 186	952 585	663 090	482 021	459 854	369 363
减:库存股	0	0	0	0	0	0	0	0	0	0
所有者权益合计	3 943 038	3 609 264	3 115 660	2 311 971	1 810 103	1 427 502	1 138 007	956 938	826 314	735 824
负债与所有者权益合计	4 640 887	4 412 950	4 524 764	3 690 584	2 867 350	2 084 909	1 349 642	1 157 165	1 034 015	961 409

表 10.2　　　　　　　　　　　五粮液利润表历史数据(2005 年至 2014 年)

	2014 年	2013 年	2012 年	2011 年	2010 年	2009 年	2008 年	2007 年	2006 年	2005 年
营业收入	1 949 426	2 286 956	2 519 534	1 874 895	1 414 913	1 033 064	736 732	674 592	671 069	562 321
营业成本	577 203	661 041	801 572	689 541	486 319	386 066	361 807	337 798	349 400	320 955
销售、管理费用	636 209	565 082	427 085	383 313	338 013	201 167	147 965	127 977	147 721	124 421
息税折旧摊销前利润	801 275	1 128 987	1 361 491	877 748	667 593	514 138	270 565	255 684	173 948	116 945
折旧和摊销	65 261	68 154	70 614	75 707	77 012	68 308	43 605	46 866	0	0
利息费用	−65 778	−82 688	−78 959	−47 659	−19 247	−10 973	−15 995	−9 223	−5 050	−2 523
营业外收入费用	−200	−18 813	4 031	296	−2 804	3 755	−3 039	−206	−407	−446
税前收入	801 592	1 124 708	1 373 867	849 995	607 024	460 559	239 916	217 835	178 591	119 022
所得税	195 770	292 486	340 293	210 558	150 819	113 892	56 946	70 556	60 930	39 690
少数股东损益	22 330	34 940	40 086	23 691	16 670	22 192	1 901	386	926	766
净利润	583 492	797 281	993 487	615 747	439 536	324 475	181 069	146 892	116 735	78 566
非经常损益	−2 586	−20 136	977	−2 300	−4 887	1 297	−2 258	2 274	−224	390
综合收益总额	583 492	797 281	993 487	615 747	439 536	324 475	181 069	146 892	116 735	78 566
现金股利	227 758	265 718	303 677	189 798	113 879	56 940	18 980	0	16 268	27 114
留存收益	355 734	531 564	689 810	425 948	325 657	267 536	162 089	146 892	100 467	51 452

五粮液近十年来保持较高水平的货币资金,货币资金占总资产平均比重高达 44%,2011 年以来都保持有 200 多亿元现金。而在负债方面,五粮液无长期借款、短期借款。因此,在资本结构方面,五粮液属于低负债、低风险的资本结构。利息费用持续为负,说明企业没有或极少长期借债和短期借债,企业持续的利息收入来自现金资产和投资性金融资产。

销售收入方面,在 2012 年是明显的分水岭,2012 年以前销售收入维持较快的增速,而 2012 年后由于公务消费大幅萎缩,整体销售收入则出现明显下滑。综合 10 年来看,2004~2014 年复合增长率为 13%。五粮液未来的销售增长主要在于民间和商务消费,由经济增长带来的消费升级潜力。

表 10.3　　　　　　　　　　　五粮液销售收入及增长率历史数据

年份	销售收入	年增长率
2004	568 503	—
2005	562 321.25	−1.09%
2006	671 068.83	19.34%
2007	674 592.23	0.53%
2008	736 732.13	9.21%

(续表)

年份	销售收入	年增长率
2009	1 033 063.52	40.22%
2010	1 414 912.98	36.96%
2011	1 874 895.04	32.51%
2012	2 519 534.18	34.38%
2013	2 286 955.86	−9.23%
2014	1 949 425.51	−14.76%

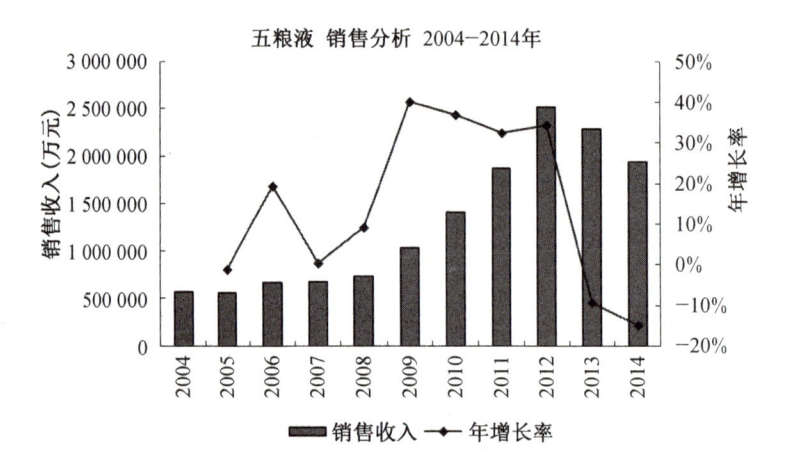

图 10.1　五粮液销售收入及销售增长率趋势

股利方面,在 2012 年之前,五粮液股利支付保持较快增长,2012 年后随着营业收入减少,股利支付也有所下降,但总体股利支付较为可观,年复合增长率为 33.4%。

表 10.4　　　　　　　　　　　五粮液每股股利历史数据

年份	每股股利
2006	0.06
2007	0.00
2008	0.05
2009	0.15
2010	0.30
2011	0.50
2012	0.80
2013	0.70
2014	0.60

实验案例十　公司价值评估

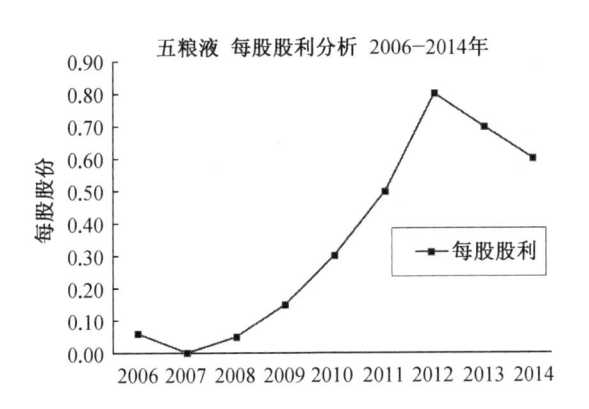

图 10.2　五粮液每股股利趋势

4.2　增长率预测

主要基于销售百分比法,计算 2005 年至 2014 年的相关项目销售百分比,分别对资产负债表、利润表相关项目进行 10 年的预测。

4.2.1　销售百分比历史数据

表 10.5　　五粮液资产负债表项目销售百分比数据(2005—2014 年)

资产	2014 年	2013 年	2012 年	2011 年	2010 年	2009 年	2008 年	2007 年	2006 年	2005 年
应收款项/营业收入	41.17%	18.77%	13.41%	13.91%	19.08%	21.67%	9.92%	9.03%	10.85%	12.26%
存货/营业收入	41.51%	30.11%	26.51%	29.53%	31.91%	33.66%	28.19%	26.77%	22.47%	25.78%
其他流动资产/营业收入	0.00%	0.00%	0.08%	0.10%	0.15%	0.23%	0.11%	0.12%	0.13%	0.05%
营运流动资产/营业收入	197.49%	161.53%	150.51%	158.48%	151.03%	128.58%	118.65%	96.12%	74.97%	73.14%
固定资产未摊销额/营业收入	32.47%	28.70%	24.62%	35.53%	50.49%	73.75%	64.75%	76.18%	77.40%	95.66%
年度折旧摊销/固定资产未摊销额	10.31%	10.38%	11.38%	11.36%	10.78%	8.97%	9.14%	9.12%	0.00%	0.00%
固定资产净额/营业收入	29.12%	25.72%	21.82%	31.50%	45.04%	67.14%	58.83%	69.24%	77.40%	95.66%
其他资产/营业收入	9.29%	4.42%	6.11%	5.28%	4.46%	3.12%	4.88%	5.26%	0.76%	1.01%
其他资产几何增长率(从 2005 年)	46.95%									

(续表)

资产	2014年	2013年	2012年	2011年	2010年	2009年	2008年	2007年	2006年	2005年
负债										
应付款项/营业收入	30.42%	30.80%	54.25%	71.53%	72.72%	60.64%	27.70%	28.84%	30.38%	39.62%
预提费用/营业收入	0.00%	0.00%	0.00%	0.00%	0.00%	0.00%	0.00%	0.00%	0.00%	0.00%
其他流动负债/营业收入	0.00%	0.00%	0.00%	0.00%	0.00%	0.00%	0.00%	0.00%	0.00%	0.00%
营运流动负债/营业收入	30.42%	30.80%	54.25%	71.53%	72.72%	60.64%	27.70%	28.84%	30.38%	39.62%
借债										
借债/权益	0.00%	0.00%	0.00%	0.00%	0.00%	0.00%	0.00%	0.00%	0.00%	0.00%
借债/资产	0.00%	0.00%	0.00%	0.00%	0.00%	0.00%	0.00%	0.00%	0.00%	0.00%
其他负债/营业收入	0.75%	0.29%	0.23%	0.25%	0.11%	0.00%	0.00%	0.00%	0.00%	0.00%
其他负债几何增长率（从2005年起）	73.83%									

表10.6　　五粮液利润表项目销售百分比数据(2005—2014年)

利润	2014年	2013年	2012年	2011年	2010年	2009年	2008年	2007年	2006年	2005年
营业成本/营业收入	29.61%	28.90%	31.81%	36.78%	34.37%	37.37%	49.11%	50.07%	52.07%	57.08%
销售管理费用/营业收入	32.64%	24.71%	16.95%	20.44%	23.89%	19.47%	20.08%	18.97%	22.01%	22.13%
成本/营业收入（上述两项之和）	62.24%	53.61%	48.77%	57.22%	58.26%	56.84%	69.19%	69.05%	74.08%	79.20%
折旧/固定资产净额	10.31%	10.38%	11.38%	11.36%	10.78%	8.97%	9.14%	9.12%	0.00%	0.00%
利率	−2.94%	−3.21%	−2.84%	−2.21%	−1.36%	−1.45%	−2.70%	−2.27%	−1.81%	
所得税/税前收入	24.42%	26.01%	24.77%	24.77%	24.85%	24.73%	23.74%	32.39%	34.12%	
少数股东权益/税后收入	3.69%	4.20%	3.88%	3.71%	3.65%	6.40%	1.04%	0.26%	0.79%	
股利支付率	39.03%	33.33%	30.57%	30.82%	25.91%	17.55%	10.48%	0.00%	13.94%	

4.2.2　对资产负债表相关项目的预测

资产和负债方面，由于五粮液维持货币资金已经达到较高的水平，预计货币资金维持不变。应收账款、存货、其他流动资产、固定资产净额变动假设与营业收入有关,分别算出每年相关指标与营业收入的比例,取2005—2014年的均值为接下来的预测增长值。折旧和摊销比率取2014年折旧和摊销相对于固定资产净额的比值,作为未来的预测折旧率。其他资产增长率和其他负债增长率均将2005—2014年的复合增长率作为将来的预测增长值。

权益方面,股本和资本公积维持不变,留存收益为前一年资产负债表中的留存收益加本年度利润表中的留存收益。

表 10.7　　　　　　　关于资产负债表项目的营业收入百分比预测

资产	
货币资金	保持不变
应收款项/营业收入	17.01%
存货/营业收入	29.64%
其他流动资产/营业收入	0.10%
营运流动资产/营业收入	131.05%
固定资产净额/营业收入	29.12%
其他资产年增长率	46.95%
负债	
应付款项/营业收入	44.69%
预提费用/营业收入	0.00%
其他流动负债/营业收入	0
借债/资产	0%
递延所得税项	与营业收入增长率相同
少数股东权益	90 270
其他负债增长率	73.83%
权益	
股本	379 597
资本公积	95 320
留存收益	=上年留存收益+今年新增
库存股	PLUG

4.2.3　对利润表项目的预测

销售收入增长率应用之前计算得出的2005—2014年的年度复合增长率为13.11%,销售成本和其他费用均与销售额相关;同样,分别算出每年相关指标与营业收入的比例,取2005—2014年的均值为接下来的预测增长值。由于五粮液利息支出几乎没有,全部看作利息收入,因此这里的利率预测是利息费用与货币资金的比率,利率为负是由于将利息费用看作收入。

表10.8　关于利润表项目的营业收入百分比预测

营业收入增长率	13.11%
营业支出/营业收入	40.72%
销售管理费用/营业收入	22.13%
折旧/固定资产净额	10.31%
利率	−2.94%
税率	24.42%
少数股东权益/税后收入	3.69%
股利增长率	39.08%

基于以上公司增长率的预测,可得到公司未来的相关财务数据(见表10.9和表10.10)。

表10.9　利润表项目的未来预测值(2015—2019年)

利润表项目	2015年	2016年	2017年	2018年	2019年
营业收入	2 204 995	2 494 070	2 821 043	3 190 881	3 609 206
营业成本	897 818	1 015 522	1 148 657	1 299 246	1 469 577
销售、管理费用	487 957	551 929	624 287	706 131	798 704
息税折旧摊销前利润	819 220	926 619	1 048 099	1 185 505	1 340 925
折旧和摊销	72 854	89 396	108 866	131 732	158 529
利息费用	−65 778	−65 778	−65 778	−65 778	−65 778
营业外收入费用	−200	−200	−200	−200	−200
税前收入	812 343	903 201	1 005 210	1 119 751	1 248 373
所得税	198 396	220 586	245 499	273 473	304 886
少数股东损益	7 313	8 131	9 049	10 080	11 238
净利润	606 634	674 484	750 662	836 198	932 249
现金股利	416 584	579 387	805 814	1 120 729	1 558 715
留存收益	190 050	95 097	−55 152	−284 532	−626 466
公司现金流量	2015	2016	2017	2018	2019
税前利润	606 634	674 484	750 662	836 198	932 249
加:折旧	72 854	89 396	108 866	131 732	158 529
净营运资本变化:					

表 10.10 现金流量项目的未来预测值(2015—2019 年)

公司现金流量	2015 年	2016 年	2017 年	2018 年	2019 年
税前利润	606 634	674 484	750 662	836 198	932 249
加:折旧	72 854	89 396	108 866	131 732	158 529
净营运资本变化:					
营运流动资产的增加	581 043	−135 132	−152 848	−172 886	−195 551
营运流动负债的增加	392 360	129 188	146 124	165 281	186 949
减:资本支出	−147 273	−173 571	−204 076	−239 424	−280 340
减:其他资产的增加	−85 011	−124 923	−183 572	−269 757	−396 403
加:税后利息	−49 713	−49 713	−49 713	−49 713	−49 713
公司现金流量	1 420 607	459 442	465 156	451 144	405 433

4.3 资本成本计算

由于五粮液无长期借款和长期负债,公司的资本成本即为公司的权益资本成本,因此着重计算权益资本成本。

4.3.1 常数股利增长模型(戈登模型)

$$假定\ P = \frac{D_1}{R-g},则得到\ R = g + \frac{D_1}{P} = g + \frac{D(1+g)}{P}$$

其中:P 为股票现在价格;D 为现期每股股利;R 为贴现率;g 为预期股利年增长率。

根据股利增长模型,权益资本成本为 37.13%,如图 10.3 所示。

	A	B	C
5			
6	**方法1:r_E 仅用股利的戈登模型**		
7	股价（2014年12月31日）	21.50	
8	分红（2014年）	0.60	
9	预期股利增长率	0.334038542	<-- =股利增长!B13
10	r_E,仅用股利的权益资本成本	0.371267525	<-- =B8*(1+B9)/B7+B9

图 10.3 股利增长模型计算权益资本成本

由于股利支付年复合增长率为 33.4%,但事实上一直维持这样的股利增长率十分困难,因此估算出的资本成本并不准确。

4.3.2 两阶段戈登模型

假设现期每股股利为 D,并且在高速增长期(未来第 1 年到第 m 年)股利增长率为 G_H,

稳定增长期(未来第 m 年后)股利增长率为 G_N，使得下式成立的 R 即为合适的贴现率；

$$P = \sum_{t=1}^{m} \frac{D(1+G_H)^t}{(1+R)^t} + \sum_{t=m+1}^{1} \frac{D(1+G_H)^m(1+G_N)^t}{(1+R)^t}$$

采用两阶段戈登模型，假设认为 33.4% 的股利支付增长率可维持 3 年，之后股利支付增长率回归 7%。由此计算出的资本成本为 20.88%。

	A	B
16		
17	使用两阶段戈登增长模型	
18	高速增长年数	3
19	稳定期股利增长率	0.07
20	r_E，使用两阶段戈登增长模型的权益资本成本	0.208804629

图 10.4 两阶段增长模型计算的权益资本成本

4.3.3 CAPM 模型

即根据 $R = Rf + \beta(Rm1 + Rf)$ 计算权益资本成本。

首先下载 2005 年 12 月 1 日到 2015 年 12 月 31 日的月度价格数据，计算五粮液的月度收益率。

市场收益率采用深证 A 股收益率，市场的股利支付率选择深证 A 股 2014 年平均的股利支付率，为 28.9%。由股利增长模型计算得市场收益率 7.63%。无风险利率采用 1 年期国债利率为 3.02%，五粮液公司股票贝塔值计算为 0.992 8。

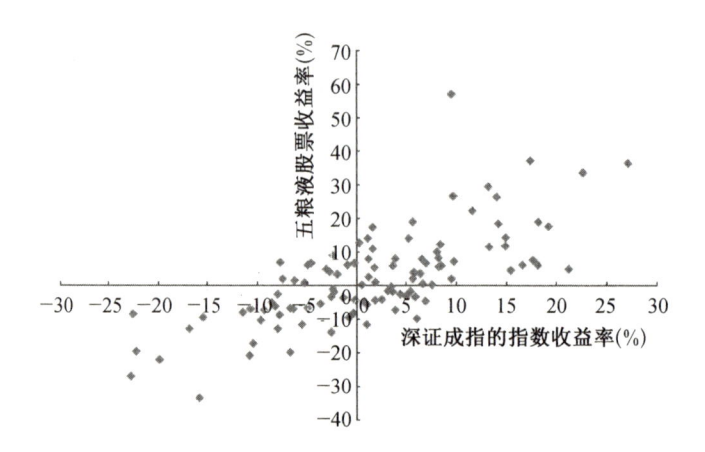

图 10.5 股票收益率对市场收益率的散点图

4.3.4 考虑税收调整的 CAPM

利用 CAPM 和税后调整的 CAPM 计算得到的权益资本成本结果如图 10.6 所示。

综合运用四种情况下的权益资本成本均值作为五粮液的资本成本，权益资本成本为 18.16%，由于五粮液没有负债，公司资本成本即为 18.16%。

	A	B	C
1	**使用CAPM模型计算五粮液的权益资本成本**		
2	深证成指2014年12月31日市盈率	18.81	
3	深证成指成分股平均股利支付率	28.90%	
4	预期股利增长率	6.00%	
5	预期市场回报率，E(r_M)	7.63%	<-- =B3*(1+B4)/B2+B4
6	无风险利率	3.02%	
7	五粮液税率，T_C	24.42%	<-- =利润表!B35
8			
9	**方法3：R_E 使用 SML**		
10	β值	0.9928	
11	R_E	0.07595	<-- =B6+B10*(B5-B6)
12			
13	**方法4：R_E 使用调节税收后的SML**		
14	β值	0.9928	
15	R_E	0.0759	<-- =B6*(1-B7)+B14*(B5-B6*(1-B7))

图 10.6　使用 CAPM 计算权益资本成本

表 10.11　　　　　　　　　　资本成本的估计

戈登股利增长模型	
R_E	36.59%
WACC	36.59%
戈登两阶段模型	
R_E	20.88%
WACC	20.88%
利用 CAPM 模型	
R_E	7.60%
WACC	7.60%
利用税后 CAPM 模型	
R_E	7.59%
WACC	7.59%
估计 WACC？	18.16%

4.4　公司价值评估

现采用自由现金流折现率为 18.16%，并假设 2019 年后长期自由现金流量增长率为 7%，且达到稳定增长阶段。则未来自由现金流价值和股价估值见表 10.12 和表 10.13。

表 10.12　　　　　　　　　未来自由现金流价值(2015 至 2019 年)

年份	2015	2016	2017	2018	2019
自由现金流	1 420 607	459 442	465 156	451 144	405 433
稳定增长期折现到2019年的价值					3 885 583
总值	1 420 607	459 442	465 156	451 144	4 291 016

表 10.13　　　　　　　　　　　股价价值计算

折现值(2014 年的价值)	4 616 938
加:初始现金	2 238 211
公司价值	6 855 149
减:借债	0
股权价值	6 855 149
自由流通股份(2014)	166 724.97
每股价值	41.12
股价(2014 年 12 月 31 日)	21.50
五粮液是高估还是低估?	低估

4.5　敏感性分析

对价格影响最显著的两个因素是股利增长率和资本成本。

假设五年后长期增长率在1%～12%区间波动,资本成本在6%～26%区间波动,利用EXCEL的模拟运算表工具,得到以下变动结果(见表10.14)。

表 10.14　　　　　　股票价值对长期增长率和资本成本的敏感性分析

	1%	3%	4%	5%	6%	7%	8%	9%	10%	11%	12%
6%	70.13	97.36	131.39	233.47							
7%	62.25	78.79	95.33	128.42	227.67						
8%	56.61	67.64	77.30	93.38	125.56	222.08					
9%	52.38	60.21	66.47	75.86	91.50	122.80	216.69				
10%	49.09	54.89	59.24	65.33	74.46	89.69	120.14	211.49			
11%	46.45	50.90	54.07	58.31	64.23	73.12	87.94	117.57	206.48		
12%	44.29	47.79	50.19	53.28	57.40	63.17	71.83	86.25	115.10	201.64	
13%	42.49	45.30	47.17	49.51	52.52	56.53	62.15	70.58	84.62	112.71	196.98

(续表)

	1%	3%	4%	5%	6%	7%	8%	9%	10%	11%	12%
14%	40.96	43.26	44.75	46.57	48.85	51.78	55.69	61.16	69.37	83.05	110.40
15%	39.65	41.55	42.77	44.22	46.00	48.22	51.07	54.88	60.21	68.20	81.53
16%	38.51	40.11	41.11	42.29	43.71	45.44	47.60	50.38	54.09	59.29	67.08
17%	37.52	38.87	39.71	40.68	41.83	43.21	44.90	47.01	49.72	53.33	58.39
18%	36.64	37.80	38.50	39.32	40.26	41.39	42.73	44.38	46.43	49.07	52.60
19%	35.85	36.86	37.46	38.14	38.94	39.86	40.96	42.27	43.87	45.87	48.45
20%	35.15	36.02	36.54	37.13	37.80	38.57	39.47	40.54	41.82	43.38	45.34
21%	34.52	35.28	35.73	36.23	36.81	37.46	38.21	39.09	40.13	41.38	42.91
22%	33.95	34.62	35.01	35.45	35.94	36.50	37.13	37.87	38.73	39.74	40.96
23%	33.42	34.02	34.36	34.74	35.17	35.65	36.20	36.82	37.54	38.37	39.36
24%	32.95	33.47	33.78	34.11	34.49	34.90	35.37	35.90	36.51	37.21	38.03
25%	32.51	32.98	33.25	33.55	33.87	34.24	34.64	35.10	35.62	36.21	36.90
26%	32.10	32.53	32.77	33.03	33.32	33.64	34.00	34.39	34.84	35.35	35.93

根据上表可知,公司的股价均高于当期水平,以上估值具备一定的稳健性。

4.6 进一步的讨论

由敏感分析表,即使资本成本达到26%,未来增长率仅为1%,现在的股价仍然属于低估状态。市场对五粮液公司未来风险估计要远大于合理的风险水平,这可能是由于正处于白酒行业的特殊阶段。在2012年以后遭遇销量的下滑,虽然过去的10年期销量保持较高的增长率,但理性来看维持13%的销售增长率在未来几年较难达成,因此销量的增长率还可以继续调整。在销售增长率下调的同时,公司的股利支付增长率也应当予以调整。

٢